Alois Tille • 80 Jahre im Weinberg des Herrn

Geistlicher Rat Alois Tille.

80 Jahre
im Weinberg des Herrn.

Geistlichem Rat Alois Tille

zum

80-jährigem Priesterjubiläum.

Herausgegeben von Rudolf Grulich und Wolfgang Stingl.

Context - Verlag, Obertshausen

Kirche und Heimat
Materialien zur Vertriebenenseelsorge 1

Herausgegeben
von Rudolf Grulich, Gerhard Pieschl
und Wolfgang Stingl

CIP — Einheitsaufnahme:
Rudolf Grulich — Wolfgang Stingl (Hrsg.),
80 Jahre im Weinberg des Herrn.
Geistlichen Rat Alois Tille
zum 80-jährigen Priesterjubiläum

63179 Obertshausen
Printed in Germany 2004

ISBN 3-924072-42-6
Herstellung: Context-Verlag, Obertshausen
Text und Bildgestaltung:
Angelika Steinhauer

Umschlag auf der Rückseite:
Wenzelskapelle im Prager Veitsdom.
Die Wappen der Kurfürsten zeigen auch
das Mainzer Rad.

Inhaltsverzeichnis

Zum Geleit

In der Wenzelskapelle im Prager Veitsdom ist ein Fresko zu sehen, das 1509 der Meister des Leitmeritzer Altars ausgeführt hat. Wir sehen, wie der hl. Wenzel, der erste Patron Böhmens vom Kaiser auf dem Reichstag empfangen wird. Unter den dargestellten Wappen der Kurfürsten ist auch das Wappen mit dem Mainzer Rad.

Als 973 das Bistum Prag gegründet wurde, gehörte es als Suffraganbistum zur Metropole Mainz. Mehr als drei Jahrhunderte unterstanden alle Oberhirten Prags der Erzdiözese Mainz, bis Kaiser Karl IV. 1344 erreichte, dass das Bistum seiner Hauptstadt zum Erzbistum erhoben wurde.

Da ich selbst noch im Erzbistum Prag geboren und getauft wurde, ist es mir eine tiefe Freude, Geistlichem Rat Alois Tille, dem ältesten Priester aus der Erzdiözese Prag, der seit der Vertreibung aus seiner Heimat als Seelsorger im Bistum Mainz tätig war, diese Schrift zu widmen und dabei auch auf die Verbindungen meiner Tunc-Erzdiözese zur Nunc-Diözese meines Wirkens hinzuweisen. Diese sind vielgestaltig und reichen bis in die Zeit unmittelbar nach 973 zurück. So hat der große Mainzer Erzbischof Willigis die beiden ersten Prager Bischöfe, den Sachsen Thietmar und den Weißen Kroaten Adalbert geweiht. Alle Prager Bischöfe schworen bei ihrer Weihe der „hl. Kirche von Mainz" Treue und Gehorsam. Als sich im Hochmittelalter das Kurfürstenkollegium als Wahlgremium für den Deutschen König und Römischen Kaiser entwickelte, war der Mainzer Erzbischof der wichtigste Kurfürst; der König von Böhmen war ebenfalls Mitglied des Kurfürstenrates, und zwar als vornehmster Vertreter der weltlichen Kurfürsten. Mainzer Erzbischöfe salbten böhmische Könige, wie Peter von Aspelt den Luxemburger Johann, den Vater Kaiser Karls IV.

Auch im 19. Jahrhundert können wir auf Mainzer Kontakte zu Prag hinweisen. Kardinal Friedrich von Schwarzenberg nahm als böhmischer Primas an der Mainzer Bonifatiusfeier 1855 teil. Achtzehn Jahre später predigte unser großer Sozialbischof Ketteler im Prager Veitsdom. An die zahlreichen Gemeinsamkeiten erinnerte 1972 Kardinal Volk, als sich Anfang November tschechische und sudetendeutsche Katholiken in

Mainz zu einem Kulturkongress trafen, um die 1000-Jahrfeier der Diözese Prag vorzubereiten: Er betonte, „*wie stark die Einheit der Kirche war, da sie verschiedene Völker, verschiedene Sprachen nicht nur in der geistigen Einheit, sondern sogar organisatorisch zu verbinden vermochte.*"

Unter den über 160.000 Sudetendeutschen Katholiken, die 1946 in unser Bistum kamen, waren auch viele Tausende aus der Erzdiözese Prag, unter den Priestern aus Prag war auch Pfarrer Alois Tille. Mehr als 58 Jahre seines Priesterlebens hat er nun im Bistum Mainz verbracht, davon ein halbes Jahrhundert aktiv in der Seelsorge und im Offizialat. Deshalb sei ihm diese kleine Schrift gewidmet.

Nidda, am Fest des böhmischen Landespatrons Wenzel, 28. September 2004

Dr. Wolfgang Stingl
Diözesanvertriebenenseelsorger

Grußwort

von P. Norbert Schlegel
Vorsitzender des Sudetendeutschen Priesterwerkes und Visitator für die Sudetendeutschen.

Es war für mich ein tiefes Erlebnis, als ich mit einigen Mitbrüdern im Juli dieses Jahres mit Geistlichem Rat Alois Tille anlässlich seines 80-jährigen Priesterjubiläums Eucharistie feiern und ihm nachher auch persönlich gratulieren durfte.
Er gehört zur Erzdiözese Prag und zum Egerland, obwohl er in Niemes im Bistum Leitmeritz zu Beginn des Jahrhunderts 1901 geboren wurde. Ich fühle mich ihm nahe, da ich als gebürtiger Ermländer auch erst durch den Eintritt in das Stift Tepl wie er ein Egerländer wurde.
Unserem Sudetendeutschen Priesterwerk (SPW), das 1947 gegründet wurde, war Pfarrer Alois Tille von Anfang an verbunden. Bei dieser Priesterpersönlichkeit zeigt sich, wie berechtigt der Wahlspruch des SPW ist: *Für Kirche und Volksgruppe.* Pfarrer Tille trug mit seinen Landsleuten das Schicksal der Vertreibung. Er war unter und bei ihnen, als sie Bleibe im Bis-

tum Mainz fanden. Als Lokalkaplan stand er ihnen bei wie die vielen anderen sudetendeutschen Priester in dieser Diözese: Prälat Dr. Reiß, Pfarrer Anton Rawitzer, Pfarrer Edmund Artel oder Dr. Adolf Schindler, aber auch die Ordenspriester P. Ildefons Pauler und P. Josef Jarschel, um nur einige von ihnen zu nennen.
Jene Heimat- und Rucksackpriester, deren Heldenlied Pater Werenfried in seinem Buch *„Sie nennen mich Speckpater"* singt, waren wahre Haudegen und Condottieri des Gottesreiches.
Von der K.u.k.-Zeit, der Ersten Tschechoslowakischen Republik über die Zeit des Nationalsozialismus, des Kalten Krieges und nun bis zur Ost-Erweiterung der Europäischen Union reicht das Leben des Jubilars ins 21. Jahrhundert hinein. In Geistlichem Rat Tille ehren wir einen Mitbruder und Priester, wie ihn sich unser Papst Johannes Paul II. in seinen Visionen für die Kirche des dritten Jahrtausends wünscht. So wie früher sein aktives pastorales Wirken ist heute das Beten unseres Mitbruders Tille ein Segen für uns und die ganze Kirche.

P. Norbert Schlegel

Visitator für die Sudetendeutschen und
Vorsitzender des Sudetendeutschen
Priesterwerkes

Grußwort

von Bernd Posselt MdEP, Präsident der Paneuropaunion Deutschland und Vorsitzender der Sudetendeutschen Landsmannschaft.

Geistlicher Rat Alois Tille gehört zu den ältesten Priester unserer Volksgruppe. Als Tille geboren wurde war Böhmen noch Königreich und Teil der K.u.k.-Monarchie, die ein Kleineuropa war. Schon in der Heimat haben unsere Priester sich als Heimatpriester erwiesen, noch mehr aber in der Vertreibung, als sie die Worte des Propheten als Motto nahmen:

„Tröstet, tröstet mein Volk!"

Ich freue mich, dass ein Priester der Bekenntnisgeneration, Diözesanseelsorger Dr. Wolfgang Stingl gemeinsam mit einem Mitglied unseres Bundesvorstandes, Prof. Dr. Rudolf Grulich, diese Festschrift erstellte, um den Senior der sudetendeutschen Priester zu ehren. Vom nordböhmischen Niemes führte sein Weg über Mies und Prag in verschiedene Pfarreien Westböhmens, ehe er als Vertriebener ins Bistum Mainz kam. Bei seinen Landsleuten ist er unvergessen:

als Pfarrer im Egerland, als Lokalkaplan im Odenwald, als Prediger und Zelebrant bei Heimatgottesdiensten und Vertriebenenwallfahrten. Geistlicher Rat Alois Tille, Prälat Dr. Karl Reiß und Dr. Wolfgang Stingl als sein Nachfolger in der Vertriebenenseelsorge des Bistums verkörpern drei Generationen. Sie zeigen aber auch, dass die Kirche in unserer Volksgruppe verwurzelt ist.

Bernd Posselt

Mitglied des Europäischen Parlamentes,
Präsident der Paneuropaunion Deutschland
und Vorsitzender der Sudetendeutschen
Landsmannschaft.

Grußwort

von Albert Reich, Vorsitzender des Arbeitskreises Egerländer Kulturschaffender (AEK)

Wer ist ein Egerländer?
Seit Jahrzehnten wird von Pessimisten diskutiert, wie lange es nach der Vertreibung noch Egerländer oder Sudetendeutsche überhaupt geben werde. Es diskutieren darüber wirklich nur Pessimisten, denen gesagt sei, dass Totgesagte länger leben. Gegner der Sudetendeutschen waren seit der Vertreibung der Meinung, dass sich das sudetendeutsche Problem wahrscheinlich in der zweiten Generation biologisch von selbst lösen werde. Dass dem nicht so ist, sehen wir im sechsten Jahrzehnt nach der Vertreibung, die für uns Egerländer der schwerste Schicksalsschlag in einer mehr als 800-jährigen Geschichte war. Auch die 2002 vom damaligen tschechischen Ministerpräsidenten Zeman angeheizte Diskussion macht deutlich, wie lebendig und brennend die sudetendeutsche Frage immer noch ist: denn hinter dem sturen Beharren auf den Beneš-Dekreten verbirgt sich letztlich das schlechte Gewissen.

Die Bekenntnisgeneration der Sudetendeutschen ist längst an die Stelle der Erlebnisgeneration getreten. Ein in der Vertreibung Geborener ist heute Vorsitzender der Landsmannschaft. Viele Amtsträger sind gerade noch im Sudetenland geboren, kennen aber ihre Heimat nur aus den Berichten ihrer Eltern und den eigenen Erlebnissen, wenn sie heute diese Gebiete als Touristen besuchen. Auf dem Sudetendeutschen Tag und den Heimattreffen wird kaum mehr schlesisch, nordböhmisch und leider auch immer weniger echtes Egerländisch gesprochen, statt dessen hört man bayrisch, fränkisch und schwäbisch. Wer noch glaubt, die Mundart seiner Herkunft zu kennen, dem hört man trotzdem an, ob er nach der Vertreibung in Bayern, Württemberg, Hessen oder in der ehemaligen DDR aufgewachsen ist.
Das Problem „Wer ist (noch) Sudetendeutscher?“ hat sich immer gestellt. Muss man im Sudetenland geboren sein? Betrachten wir unsere Heimatkreisgliederung im Egerland, so sehen wir, dass im „Egerländer biografischen Lexikon“, das Dr. Josef Weinmann in zwei Bänden herausgab und dem bald ein dritter Band folgen wird, als Geburts-, Wirkungs- und Sterbeorte von Egerländern buchstäblich die ganze Welt vertreten ist.

Schon immer sind Egerländer in die Welt hinausgezogen, und so haben wir berühmte Männer und Frauen, die in Eger oder im Egerland geboren sind, aber auf den Philippinen oder in Mexiko tätig waren und dort starben.
Genannt seien hier Paul Klein, der 1708 in Manila starb wie schon Adam Kaller 1702 und Josef Haffenrichter, der 1762 in Mexiko den Tod fand. Auch in früheren Jahrhunderten mussten Egerländer gewaltsam ihre Heimat verlassen, so etwa in der Gegenreformation. Gebürtige Protestanten aus Eger und dem Egerland lebten und wirkten als Pfarrer, Dichter und Professoren in Mitteleuropa, in Wittenberg, Nürnberg oder an der Universität in Altdorf. Hier sei auf den großen Barockdichter aus Wildstein, Siegmund von Birken, hingewiesen, latinisiert Betulius, der durch eigene Werke ebenso eine Rolle spielte wie durch Förderung anderer Dichter. Johann Habermann, genannt Avenarius, gab eine hebräische Grammatik heraus und veröffentlichte in Wittenberg ein später oft aufgelegtes Gebetbuch. Von Christoph Crinesius aus Schlaggenwald, der in Altdorf lehrte, stammt neben anderen Schriften das erste syrische Lexikon in Deutschland.
Aber es kamen auch Männer und Frauen nach Eger und ins Egerland, die im Ausland geboren waren und sich nun in unserer Heimat niederließen. Tüchtige Egeraner dienten als Beamte und

Soldaten in allen Teilen der Donaumonarchie, zu der Eger bis 1918 gehörte. So kommt es, dass Bruno Brehm in Laibach geboren ist, Erwin Guido Kolbenheyer in Budapest, Brehm aber in Bärringen und Eger aufwuchs und Kolbenheyer in Karlsbad und Eger.
Andere Egerländer kamen als Söhne und Töchter von Egerländern in Venedig (Leopold Kolowrat), Kasan an der Wolga (Carl von Littrow), Tokio (Richard Graf Coudenhouve-Kalergi), Tokat in Kleinasien (Josef von Haas) oder Agram (Klaus Boltek) zur Welt, während der in Petschau residierende Herzog Heinrich von Beaufort noch in Paris geboren wurde.
So kam auch der in Niemes geborene Alois Tille in unser Egerland, besuchte das Konvikt in Mies und war Seelsorger in verschiedenen Pfarreien wie Schönbach, Buchau und Ottenreuth. Sein Vertreibungsbericht zeigt, dass er zu uns gehört. Mehr als ein halbes Jahrhundert wirkte er im Bistum Mainz, der kirchlichen Metropole des Alten Reiches, wozu auch Prag gehörte.
Dass ihm ein gebürtiger Egeraner dieses Büchlein widmet, erfüllt mich als Vorsitzenden des AEK mit Respekt und Bewunderung.

Albert Reich

1. Vorsitzender des AEK

Wolfgang Stingl

Der Senior der sudetendeutschen Priester. Ein Lebensbild von Geistlichem Rat Alois Tille.

Niemes — Aufgang zur Stadtkirche St. Peter und Paul.

Unser Jubilar ist am 15. Dezember 1901 im nordböhmischen Niemes geboren, das heute als Mimoň auf tschechischen Landkarten zu finden ist. Der Ort im ehemaligen Bezirk Böhmisch-Leipa liegt im Polzental, wo an einer Zollstation der Straße Zittau-Prag früh eine Siedlung entstand, die im Jahre 1407 Stadtrecht erhielt. Adels-Geschlechter wie die Wartenberg, Bieberstein und die Grafen Hartwig beherrschten die Stadt, die vor der Vertreibung der Deutschen über 6.000 Einwohner hatte. Viele der 600 Tschechen, die es bei der Volkszählung 1930 gab, waren erst nach der Gründung der Ersten Tschechoslowakischen Republik zugewandert. Im Geburtsjahr von Alois Tille war Niemes eine deutsche Stadt.

Sie besaß neben zahlreichen Holzhäusern und einem Rathaus von 1655 ein Schloss, das G. Broggio 1604 erweitert hatte und das nach einem Brand 1807 bis 1830 klassizistisch umgebaut worden war. Die Pfarrkirche, in der Alois getauft wurde, stammt wahrscheinlich von Santini de Bossi. Kapellen und Barockstatuen prägten die Stadt.

Musikkapelle im Konvikt in Mies.
Alois Tille mit Geige, 3. Reihe 4. von links.

Raucherclub „Qualm“ in Mies.

1901 war Kaiser Franz Joseph I. bereits 53 Jahre an der Spitze der K.u.k.-Monarchie, die Alois Tille in Kindheit und Jugend noch bewusst erlebte. Böhmen war noch ein Königreich, das von den Sprachenkämpfen zwischen Deutschen und Tschechen erschüttert wurde. Während es 1905 im benachbarten Mähren zum sog. „Mährischen Ausgleich" der beiden Völker kam, gelang dies in Böhmen leider nicht.

Seine Gymnasialstudien absolvierte Alois Tille in Mies (tschechisch Stříbro), 30 Kilometer westlich von Pilsen. In dieser königlichen Bergstadt, die ihren tschechischen Namen vom abgebauten Silber hat, gab es seit 1880 ein erzbischöfliches Konvikt für den deutschen Priesternachwuchs.

Matura 1920.

Alois Tille im Kreise der Seminaristen in Prag.

Nach dem Abitur bzw. der Matura, wie es in Österreich hieß, studierte Tille in Prag Philosophie und Theologie. Die alte 1348 gegründete Universität war seit dem letzten Drittel des 19. Jahrhunderts in eine deutsche und eine tschechische Universität geteilt. Es gab zwei theologische Fakultäten, aber nur ein Priesterseminar, in dem deutsche und tschechische Priesterkandidaten wohnten und damit die Einheit der Kirche über nationale Grenzen hinweg symbolisierten. Unter den Professoren, die Tille hörte, waren Namen wie z.B. Prof. Karl Hilgenreiner, der auch Vorsitzende der Christlich-Sozialen Partei wurde.

Am Tag der Primiz im Familienkreis mit Eltern und Schwester.

Am 6. Juli 1924 wurde Alois Tille in Prag zum Priester geweiht.

„Eines erbat ich mir vom Herrn,
darnach sehnte ich mich, daß ich
wohnen könnte im Hause des Herrn
alle Tage meines Lebens."

Ps. 26, 4

Andenken

an das

erste hl. Meßopfer

des Neupriesters

ALOIS TILLE,

dargebracht

in der Dekanalkirche zu Plan

am 13. Juli 1924.

„Die Ernte ist groß; der Arbeiter aber sind nur wenige. Bittet daher den Herrn der Ernte, daß er Arbeiter in seine Ernte sende.

Matth. 9, 37. 38.

Andere Neupriester seines Jahrganges waren u.a. Anton Schild und Johannes Tanzer, der später bei Hitlers Besuch in Eger an Tille schrieb: *„Ich habe den Antiochus gesehen."*

Tilles erste Kaplansstelle war Schönbach bei Eger, eine Pfarrei, die bereits 1118 erstmals erwähnt wird. Unter über 6.000 Katholiken waren

Kaplanei in Schönbach.

nur 180 Nichtkatholiken. Außer Schönbach gehörten die Orte Absroth, Dürngrün, Ermesgrün und Watzkenreuth zur Pfarrei. 1930 wurde Tille Administrator in Buchau, einer Stadt im damaligen Bezirke Luditz. In der Stadt gab es unter 1782 Einwohnern 1930 nur 84 Tschechen. Die Pfarrei umfasste außer der Stadt Buchau noch die Orte Deutsch Kilmes, Langlammitz, Neuhof und Taschwitz.

1932 ernannte ihn der Erzbischof Kasper zum Pfarrer in Ottenreuth, wo er bis zur Aussiedlung 1946 tätig war und über die er in seinem Aussiedlungsbericht selbst schreibt. Seit 1932 leistete Pfarrer Tille auch Aushilfe im Religionsunterricht in Plan, Hohenzetlisch und Leskau. Sein Engagement in der Seelsorge wurde 1943 mit der Auszeichnung zum erzbischöflichen Notar und Vikariatssekretär gewürdigt.

Damals war das Egerland bereits fünf Jahre an das Deutsche Reich angeschlossen, was 1938 durch das Münchner Abkommen erfolgt war. Dadurch lag aber die Bischofsstadt Prag im Ausland und seit dem 15. März 1939 im Protektorat. Der Vatikan errichtete deshalb in Schlackenwerth ein eigenes Generalvikariat mit einem deutschen Generalvikar. Es war Prälat Karl Bock, der als seinen Sekretär Dr. Karl Reiß berief. Reiß war nach der Vertreibung erster Diözesanvertriebenenseelsorger im Bistum Mainz.

Am 10. November 1946 erfolgte Tilles Vertreibung über die er 1949 einen handschriftlichen Bericht verfasste. Er soll im Anhang erstmals in vollem Wortlaut abgedruckt werden. Der Leiter der Königsteiner Anstalten und Begründer des Priesterreferates in Königstein, Prälat (später Weihbischof) Adolf Kindermann hatte 1948 alle sudetendeutsche Priester angeschrieben und um detaillierte Berichte gebeten. Nach Diözesen geordnet liegen diese Berichte im Königsteiner Institut für Kirchengeschichte von Böhmen-Mähren-Schlesien.

Beim Priestertreffen in Königstein mit Abt Möhler und Prälat Kindermann.

Lediglich jene aus dem Schönhengstgau sind bisher in Buchform veröffentlicht.

Schon am 1. Dezember 1946 wurde Tille Lokalkaplan in Lichtenberg, seit 1951 mit Sitz in Groß-Bieberau. Über die Schwierigkeiten des Neubeginns der Seelsorge für die Heimatvertriebenen hat Tilles Mitbruder Pfarrer Anton Rawitzer berichtet.
Die Lokalkaplanei Lichtenberg mit Sitz in Groß-Bieberau wurde aus der Mutterpfarrei Groß-Zimmern im Dekanat Dieburg ausgegliedert.
Pfarrer Tille half bei der Integration der heimatvertriebenen Gläubigen mit. Mehr als 160.000 sudetendeutsche Katholiken waren 1946 in das Bistum Mainz gekommen. Tille predigte bei Vertriebenenwallfahrten und half aktiv, seinen Pfarrkindern eine neue Heimat zu geben.

1954 wurde Tille 2. Definitor und 1955 Synodalrichter in Mainz. 1956/57 erfolgte der Bau des Kapellenhauses in Groß-Bieberau. Seit dem 1. Oktober 1960 war Tille beim Bischöflichen Offizialat in Mainz zweiter Defensor vinculi am Ehegericht und trat dann ganz in den Dienst des Ordinariates. Bis zum Jahre 1993 war er dort tätig, ehe er in den wohlverdienten Ruhestand verabschiedet wurde. Wir drucken die Abschiedsrede von Offizial Dr. Peter Hilger auf den Seiten 111 ff. ab.

Große Ereignisse waren der 100. Geburtstag 2001 und nun das 80-jährige Priesterjubiläum, zu dem auch Kardinal Miloslav Vlk von Prag und Bischof František Radkovsky gratulierten und Nuntius Erwin Ender die Glückwünsche des Papstes übermittelte.

Die vom Jubilar erbaute Kirche in Groß-Bieberau.

Rudolf Grulich

Die Sudetendeutschen und ihre Kirche zwischen den Weltkriegen

Bestandsaufnahme

Als im Jahre 1918 die Tschechoslowakische Republik entstand, lebten in ihr über drei Millionen Sudetendeutsche in den historischen Ländern Böhmen, Mähren und Schlesien. Die Sudetendeutschen waren damals nach der Volkszählung von 1921 zu 92% katholisch. Daneben gab es sudetendeutsche Lutheraner, Altkatholiken, Angehörige der Herrnhuter Brüdergemeine und Juden. Nach Zahlen sah dies bei der Volkszählung 1931 bei denen, die sich als Deutsche bekannten, so aus:

In Böhmen:

Deutsche insgesamt	2.362.090
davon Katholiken	2.107.781
Evangelische	99.209
Altkatholiken	16.644
Juden	23.662
Konfessionslose	76.533

459 Deutsche in Böhmen bekannten sich als Angehörige der Tschechoslowakischen Kirche, 116 als unierte Katholiken des byzantinischen Ritus und 95 als orthodox. Unter „Sonstige“ sind 1.591 Deutsche verzeichnet.

In Böhmen waren 74.78 % der Einwohner katholisch, unter den Tschechen aber nur 67.46 %, unter den Deutschen 90.61%.

In Mähren-Schlesien:

Deutsche insgesamt	823.730
davon Katholiken	774.326
Evangelische	24.484
Altkatholiken	4.533
Juden	11.297

Ansonsten gab es nur 7.725 konfessionslose Deutsche, 189 Angehörige der Tschechoslowakischen Kirche, 65 Unierte, 41 Orthodoxe und 213 Sonstige.

In Mähren-Schlesien waren 85.88 % der Einwohner katholisch, unter den Tschechen waren es 85.14 %, bei den Deutschen 94 % und bei der polnischen Minderheit 60.84 %.

Die Vertreibung hat auch die kirchlichen sudetendeutschen Strukturen zerstört. Heute sind nur noch die Katholiken und die Evangelischen in der Volksgruppe wirklich präsent, was sich in eigenen Gemeinschaften und Vereinigungen wie dem Sudetendeutschen Priesterwerk und der Ackermanngemeinde, der Gemeinschaft evangelischer Sudetendeutscher und bei den Gottesdiensten beider Konfessionen auf dem Sudetendeutschen Tag zeigt. Allerdings gab es auf den Sudetendeutschen Tagen 2003 in Augsburg und

2004 in Nürnberg nach längerer Unterbrechung wieder einen altkatholischen Gottesdienst.
In der alten Heimat hat sich nach der Vertreibung nicht nur die nationale Struktur der Sudetengebiete völlig verändert, sondern auch die konfessionelle Zusammensetzung. Das Sudetenland wurde nicht nur tschechisiert, sondern auch entkatholisiert. Heute gibt es Kreise wie Eger oder Falkenau, in denen mehr angesiedelte Slowaken und Zigeuner leben als verbliebene Deutsche. Was die Religionszugehörigkeit unserer Heimat betrifft, so ist heute überall die Mehrheit der Bevölkerung religionslos oder atheistisch, aber es sind auch mit der nach 1945 neu angesiedelten Bevölkerung bis dahin nicht oder kaum vertretene Kirchengemeinschaften in die sudetendeutschen Gebiet gekommen wie orthodoxe Tschechen aus Wolhynien oder orthodoxe und unierte Slowaken und Ukrainer, Angehörige der Böhmischen Brüder und der 1920 entstandenen Tschechoslowakischen Nationalkirche. Vor allem in den einstmals konfessionell fast geschlossen katholischen Gebieten hat sich die Konfessionskarte in einem Ausmaß verändert wie seit Reformation und Gegenreformation nicht mehr.

Die katholischen Sudetendeutschen

In den vier Bistümern Böhmens betrug der Anteil der Deutschen vor der Vertreibung im Prager Erzbistum 33,08%, in der Diözese Leitmeritz 75,27%, in Budweis 23,73% und in Königgrätz 21,20%.

In Mähren-Schlesien zählte die Erzdiözese Olmütz nach der amtlichen Volkszählung vom Jahre 1930 insgesamt 27,07% Deutsche, im Bistum Brünn waren es 17,19%. Im Breslauer Bistumsanteil auf bis 1918 österreichischem und nun tschechoslowakischem Gebiet machten die Deutschen 22,29% aus.

Betrachten wir nicht die Gesamteinwohnerzahl der Diözesen, sondern nur die Zahl der Katholiken in den einzelnen Bistümern, so fällt der Anteil der sudetendeutschen Katholiken größer aus, als der Anteil der Deutschen an der Gesamtbevölkerung. Die antihabsburgische Einstellung der Tschechen hatte oft die katholische Kirche und das Haus Habsburg gleichgesetzt. Durch die Entstehung der Tschechoslowakischen Kirche 1920 hatte die Katholische Kirche Hunderttausende von tschechischen Gläubigen verloren. Ebenso viele Tschechen hatten sich von jedem religiösen Bekenntnis losgesagt.

Bei der Volkszählung des Jahres 1930 bekannten sich 778.000 Einwohner der Tschechoslowakei

als Angehörige der Tschechoslowakischen Kirche; 747.000 gaben an, konfessionslos zu sein. In Böhmen betrug der Anteil der Konfessionslosen 13,75% der Bevölkerung, in Mähren-Schlesien dagegen nur 3,69%.
Der Prozentsatz der Angehörigen der tschechoslowakischen Kirche lag in Böhmen bei 13,05%, in Mähren-Schlesien bei 6,15%.
Im ganzen tschechischen Landesteil der CSR, also in Böhmen-Mähren-Schlesien, machten die Konfessionslosen 10,16% aus, die Angehörigen der Tschechoslowakischen Kirche 10,59%.

Die „katholische" Volksgruppe und ihre Priester

Die geschichtliche Entwicklung des böhmisch-mährisch-schlesischen Raumes, seine stark ausgeprägten Landschaften, die Gegenreformation mit der Kultur des Barock haben ebenso wie Josephinismus und Liberalismus den sudetendeutschen Katholizismus geprägt. Es gab Gebiete wie den Böhmerwald oder das so genannte Niederland in Nordböhmen, die zahlreiche Priester- und Schwesternberufe hervorbrachten, und andere, die sehr vom Liberalismus erfasst waren und wo es um die Jahrhundertwende eine »Los-von-Rom-Bewegung« gab. Der sudetendeutsche Klerus kam meist aus dem Bauern- und

Kleinbürgertum, so dass die Priester entsprechend volksnah waren.
In Nordböhmen hatten sich in Leitmeritz seit 1877 die deutschen Priester immer wieder zu Konferenzen getroffen und 1894 das "Conferenzblatt" gegründet, "als geistiger Mittelpunkt der Bestrebungen für eine zielbewusste, zeitgemäße Seelsorgtätigkeit in der Diözese".
Es entwickelte sich später zum Zentralorgan der deutschen Klerusbewegung in den böhmischen Ländern. In manchen Landesteilen war ein spürbarer Mangel an deutschen Priestern, so dass oft tschechische Priester in rein deutschen Pfarreien pastorisierten. Andererseits gingen bis 1918 viele Seminaristen aus berufungsreichen Gebieten nach Österreich, um sich für dortige Bistümer weihen zu lassen. Besonders hoch war der Anteil sudetendeutscher Priester im Erzbistum Wien, wo zu Beginn dieses Jahrhunderts etwa 40% der Geistlichen aus Böhmen-Mähren-Schlesien stammten. Auch für viele Stifte Österreichs war das benachbarte Südböhmen und Südmähren ein Reservoir geistlicher Berufe.
Im Jahre 1937 waren in der Erzdiözese Prag von 929 Weltpriestern 260 Deutsche, aber 200 der 421 Ordenspriester. Die Diözese Leitmeritz zählte unter 681 Diözesan- und 117 Ordenspriestern nach dem Schematismus von 1941 insgesamt 525 deutsche Welt- und 108 deutsche

Ordenspriester. In Königgrätz gab es unter 643 Weltpriestern 1935 ca. 100 deutsche, unter den 71 Ordenspriestern waren es 39 und im Bistum Budweis waren 1939 unter 537 Weltpriestern 92 Deutsche, unter 146 Ordenspriestern ebenfalls 92. Die Zahl der deutschen Geistlichen der Erzdiözese Olmütz machte unter insgesamt 1320 Weltpriestern 260 aus, unter 152 Ordenspriestern 60. Brünn hatte 1938 insgesamt 731 Weltpriester und 130 Ordenspriester, von denen 100 bzw. 40 Deutsche waren. Im Breslauer Anteil wirkten 1938 unter 187 Weltpriestern 77 Deutsche. In den Priesterseminaren der einzelnen Diözesen sah die Situation folgendermaßen aus:

Prag	1937:	213 Alumnen,
	davon	114 Deutsche,
Leitmeritz	1936:	124 Alumnen,
	davon.	90 Deutsche,
	1938:	90 Alumnen,
	davon	58 Deutsche,
Königgrätz	1935:	140 Alumnen,
	davon	50 Deutsche,
Budweis	1938:	119 Alumnen,
	davon	48 Deutsche,
Olmütz	1938:	260 Alumnen,
	davon	65 Deutsche,
Brünn	1938:	162 Alumnen,
	davon	34 Deutsche,

Weidenau	1932:	48 Alumnen,
	davon	20 Deutsche,
(für Breslau)	7 Tschechen,	21 Polen,
	1938:	40 Alumnen,
	davon	10 Deutsche,
		14 Polen,
		12 Tschechen.

Der hohe Anteil der Deutschen in den Priesterseminaren ist die Frucht der Bemühungen der Priesternachwuchswerke. Die Schüler der deutschen kirchlichen Knabenseminare (Mies, Mariaschein, Duppau und Freudenthal) erhielten finanzielle Förderung. Unter der katholischen Jugendbewegung gab es manche Berufung nicht selten gegen den Willen ihrer Eltern.

Die katholischen Orden im Sudetenland

Eine große Bedeutung für das sudetendeutsche Volkstum hatten auch die religiösen Orden im Sudetenland. Schon 1934 stellte zwar der Olmützer Dominikaner P. A. Scherzer in dem Sammelband "Die deutschen Katholiken in der Tschechoslowakischen Republik" fest, es sei "besonders schwer, den Gegenwartsstand der religiösen Orden und Kongregationen möglichst genau zu skizzieren". Als einen der Gründe gibt er die sprachliche Abgrenzung an, da in vielen Ordenskirchen die Seelsorge doppelsprachig geführt wurde und mancher Priester an anderssprachigen Seelsorgestellen wirkte. Trotz dieser Schwierigkeiten können wir doch den deutschen Anteil feststellen und kommen wir bei den männlichen Orden des Sudetenlandes für die Vorkriegszeit zu dieser Bestandsaufnahme:

I. Orden

1 . Der Prämonstratenserorden (OPraem).
Dieser vom hl. Norbert gegründete Reformorden der Augustinerchorherren hatte im deutschen Sprachgebiet das 1193 gegründete und von Strahov aus besiedelte Stift Tepl bei Marienbad. 1934 zählte es 70 Priester, zehn Kleriker, sechs Novizen und versah die Seelsorge an 25 inkorporierten und sechs weiteren früher von Weltpriestern betreuten Pfarreien.

2. Der Kreuzherrenorden mit dem roten Stern (OCr).
Die Kreuzherren sind der einzige in Böhmen gegründete mittelalterliche Orden, der auf eine Spitalverbrüderung der hl. Agnes von Böhmen zurückgeht. Da der Konvent in Breslau durch die Säkularisation verloren ging, war der Orden zuletzt auf Böhmen und Mähren beschränkt, hatte

aber auch die Pfarrei St. Karl in Wien. Obwohl er als ein tschechischer Orden gilt, waren doch von den 63 Priestern vor dem Münchner Abkommen 17 Deutsche.
Betreut wurden die deutschen Pfarreien Karlsbad, Franzensbad, Tachau, Karlsbad-Fischern, Elbogen, Eger, Brüx und die Propstei Pöltenberg bei Znaim.

3. Der Benediktinerorden (OSB).
Die Söhne des hl. Benedikt kamen 993 durch den hl. Adalbert nach Böhmen, der in Rom selbst Benediktiner geworden war und dann 993 das Kloster Břevnov vor Prag gründete.
Von Břevnov aus wurde 1048 Raigern in Mähren gegründet, das aber in der Zwischenkriegszeit nur tschechische Ordensleute zählte, und im Jahre 1322 Braunau in Ostböhmen, wo die Äbte des Mutterklosters seit 1420 residierten, da Břevnov von den Hussiten zerstört wurde. Nach der Wiederbesiedlung Břevnovs blieben beide Klöster bis 1939 unter einem Abt vereinigt. Das Stift Braunau betreute im Bistum Königgrätz sechs deutsche Pfarreien und führte ein deutsches Gymnasium. Das alte von Kaiser Karl IV. 1347 begründete "Slawenkloster" Emmaus in Prag, das 1880 von Beuron aus neu belebt wurde, zählte nach dem Ersten Weltkrieg nur noch einige deutsche Mönche.

4. Der Zisterzienserorden (OCist).
Innerhalb des Gesamtordens gab es seit 1923 die Provincia Bohemia mit den zwei deutschen Stiften Osseg und Hohenfurt. Das 1199 gegründete Osseg betreute neun Pfarreien und die Zisterzienserinnenklöster Marienthal und Marienstern in der Oberlausitz.
Hohenfurt in Südböhmen, 1259 gegründet, pastorisierte 17 Pfarreien mit fast 40.000 deutschen Gläubigen. Beide Stifte hatten reiche Ländereien und Wälder, aus deren Ertrag sie ein Spital, Hohenfurt auch ein Arbeiterheim und einen Kindergarten unterhielten.

5. Der Prediger- oder Dominikanerorden (OP).
Innerhalb der böhmischen Provinz des Ordens wirkten zehn deutsche Patres in der Seelsorge in Znaim, Aussig, Leitmeritz und Olmütz sowie in der Volksmission und Sonderseelsorge.

6. Der Franziskanerorden (OFM) bzw. (OFMConv.).
Die Franziskaner besaßen im deutschen Sprachraum Böhmens und Mährens sechs Klöster in Haindorf, Eger, Kaaden, Arnau, Tachau und Mährisch-Trübau. In Eger führten die Franziskaner ein Exerzitienhaus und in Haindorf betreuten sie die Pfarrei und die Wallfahrt. Die Minoriten oder Franziskanerkonventualen

versahen (meist mit tschechischen Priestern) die Seelsorge auch in deutschen Gemeinden wie Troppau, Iglau, Brünn, Jägerndorf und Böhmisch-Krummau.

7. Der Kapuzinerorden (OFMCap.).
Im deutschen Gebiet der Tschechoslowakei bzw. in Städten mit deutschem Bevölkerungsanteil hatten die Kapuziner zwölf Klöster, und zwar in Brünn, Brüx, Leitmeritz, Znaim, Bischofteinitz, Falkenau, Fulnek, Saaz, Reichstadt, Rumburg, Maria Sorg und Reichenberg.

8. Der Augustinerorden (OESA, heute OSA).
Die Augustiner-Eremiten hatten deutsche Konvente in Böhmisch-Leipa, wo sie auch die Pfarrseelsorge wahrnahmen, und in Hohenelbe. Deutsche Patres gab es auch in Prag und in der exempten Abtei in Alt-Brünn.

9. Der Servitenorden (OSM).
Das einzige Kloster dieses Ordens in der CSR war der Konvent in Gratzen in der Diözese Budweis.

10. Der Deutsche Orden (OT).
Der 1190 gegründete Orden hatte bereits im 13. Jahrhundert in Troppau eine inkorporierte Pfarrei. In Freudenthal residierte der Hochmeister. Der Orden betreute acht Pfarreien und die Wallfahrtskirche Köhlerberg; er besaß Spitäler, Volks- und Bürgerschulen, Burgen und Schlösser. Ein Juvenat bestand in Troppau.

11 . Die Gesellschaft Jesu (SJ).
Der Jesuitenorden besaß innerhalb der böhmischen Ordensprovinz vier deutsche Häuser: Mariaschein, Tetschen, Bodenbach und Duppau. In Mariaschein betreuten die Jesuiten die Wallfahrt und leiteten das Gymnasium und das Konvikt; in Tetschen war das deutsche Noviziat, in Bodenbach ein Exerzitienhaus.
Auch in Duppau leiteten die Patres das bischöfliche Gymnasium und das Konvikt.

12. Weitere Orden:
Vereinzelte deutsche Mitglieder zählten auch die Barmherzigen Brüder (OSJdD), der Malteserorden und die Piaristen.

II. Kongregationen

1 . Die Redemptoristen (CSSR).

Erster Redemptorist nördlich der Alpen war der hl. Klemens Maria Hofbauer aus Tasswitz in Südmähren, dessen Apostolat letztlich die starke Verbreitung dieser Kongregation in Böhmen und Mähren zu verdanken ist. Die deutschen Häuser der Prager Provinz (später Karlsbader Vizeprovinz) waren Zwittau, Philippsdorf, St. Anna in Plan, Maria-Schnee, Karlsbad, Tasswitz und Grulich. Das Noviziat bestand in Philippsdorf, ein Kolleg in Zwittau, das Juvenat in St. Anna-Plan. Die Patres betreuten auch die großen Wallfahrtsstätten in Philippsdorf, St. Anna-Plan, Maria-Schnee und auf dem Muttergottesberg bei Grulich.

2. Oblaten (OMI).

Diese Kongregation fasste 1912 wieder im Sudetengebiet Fuß und war in der Zwischenkriegszeit in der damaligen Tschechoslowakei nur im deutschen Gebiet Böhmen-Mähren-Schlesiens vertreten. Ihre Häuser lagen in Warnsdorf, Frischau bei Znaim, Eger, Teplei, Gojau und Altwasser. Neben der Pfarrseelsorge waren sie als Wallfahrtsbetreuer und in Exerzitienhäusern tätig.

3. Weitere Kongregationen
Andere Kongregationen waren in der Zwischenkriegszeit entweder erst im Sudetenland im Aufbau (z. B. die Pallottiner in Trautenau) oder hatten nur wenige deutsche Mitglieder.

Die weiblichen Orden im Sudetenland

Seit dem Jahre 967 gab es Ordensfrauen in den böhmischen Ländern. Die ersten Nonnen waren Benediktinerinnen bei St. Georg auf der Prager Burg, denen im Laufe des Hochmittelalters Zisterzienserinnen und Prämonstratenserinnen, Dominikanerinnen, Klarissen u. a. folgten. Die Neuzeit brachte neben diesen alten Orden auch die modernen Kongregationen nach Böhmen, Mähren und Schlesien; zuletzt gab es auch im Sudetenland kirchlich approbierte weltliche Institute. Im Jahre 1937 entstand mit den Eucharistieschwestern von Großpriesen die jüngste sudetendeutsche Schwesterngemeinschaft, deren Gründerin Mutter Maria Annuntiata Chotek war.

Viele der alten im Mittelalter gegründeten Frauenklöster sind in den Wirren der böhmischen Geschichte aufgehoben oder vernichtet worden: In der Hussitenzeit und den folgenden zwei Jahrhunderten verschwanden manche Konvente. Etwa 20 Klöster meist kontemplativer Orden fielen den Aufhebungen Kaiser Josef II. zum Opfer, darunter auch das älteste, im Jahre 967 gegründete Benediktinerkloster bei St. Georg. Im 19. Jahrhundert kam es dann aber wieder zu einer Fülle von Neugründungen von Ordenshäusern und Kongregationsmutterhäusern, aber auch von Niederlassungen außersudetendeutscher Kongregationen.

Aus Österreich kamen damals die Benediktinerinnen aus Salzburg nach Prag, aus Wien die Barmherzigen Schwestern vom hl. Vinzenz nach Zwittau und die Töchter der Göttlichen Liebe nach Troppau. Von Graz aus ließen sich Barmherzige Schwestern in Friedland und von Lanegg in Tirol aus die Deutschordensschwestern in Troppau nieder. Infolge des Kulturkampfes in Deutschland siedelten sich neun Schwesterngemeinschaften aus dem Deutschen Reich in Böhmen, Mähren und Schlesien an, die das Deutsche Reich Bismarcks verlassen mussten, und zwar fünf Orden und vier Kongregationen. Es waren dies unter den Orden die Salesianerinnen von der Heimsuchung der seligen Jungfrau Maria, die von Moselweis bei Koblenz nach Choticschau gingen, und die vier Ursulinenklöster von Liebenthal, Breslau, Schweidnitz und Berlin, die nun in Arnau, Freiwaldau, Hirschberg und Reichenberg eine neue Heimat fanden. Von Breslau kamen damals auch die Armen Schulschwestern nach Jägerndorf und die Hedwigsschwestern nach Frischau bei Znaim, von Trebnitz die Borromäerinnen nach Olbersdorf und von Paderborn die Schwestern der Christlichen Liebe nach Tetschen.

Nicht vom Kulturkampf bestimmt waren die Niederlassungen weiterer fünf klösterlicher Gemeinschaften von Deutschland aus: So wurde das ehemalige Zisterzienserinnenstift Vorkloster Tischnowitz bei Brünn von der Abtei Marienthal in der Oberlausitz aus neu besiedelt.

Die Armen Dienstmägde Jesu Christi (die sog. Dernbacher Schwestern) wurden von der Kaiserin Marianne nach Prag gerufen; die Barmherzigen Schwestern von der hl. Elisabeth, die sog. Grauen Schwestern wurden vom Stadtrat von Jägerndorf zur Krankenpflege geholt.

Münchener Schulschwestern kamen als Lehrerinnen nach Hirschau im Böhmerwald und Karmelitinnen vom Göttlichen Herzen Jesu gingen von Berlin nach Brüx und Graupen. Aber auch aus dem übrigen Europa ließen sich bis zum Ersten Weltkrieg verschiedene Schwesternorden im Sudetenland nieder: Die Schweiz entsandte die Barmherzigen Schwestern vom hl. Kreuz nach Oberleutensdorf und nach Eger und die Lehrschwestern vom hl. Kreuz nach Prag.

Der Versuch der Kreuz-Schwestern, in Oberleutensdorf eine Fabrik zu übernehmen und in

den Jahren krassester Ausbeutung der Arbeiter nach sozialen Gesichtspunkten zu führen, scheiterte zwar, ist aber ein Meilenstein der Geschichte christlicher Soziallehre in den böhmischen Ländern.
Die Servitinnen in Gratzen in Südböhmen kamen aus London, die Franziskanerinnen vom Allerheiligsten Sakrament in Prag aus Lemberg (Ukraine). Nach Leitmeritz holte Bischof Josef Groß 1914 Klarissen-Kapuzinerinnen aus Vaals in Holland.

Die erste Tschechoslowakische Republik brachte zwar 1937 die Neugründung der Eucharistieschwestern, aber nach 1918 auch die Aufhebung zweier selbständiger Konvente und von fünf Niederlassungen anderer Orden.
So mussten die deutschen Benediktinerinnen von St. Gabriel in Prag auf Druck des Staates das Kloster räumen, in dem später das Postmuseum untergebracht wurde. Die Schwestern gingen nach Bertholdstein in der Steiermark, wo der Konvent bis heute besteht. Die Schwestern aus Lemberg mussten 1921 ihr Kloster in Prag schließen. Von der Auflösung deutscher Schulen waren damals auch verschiedene Ordensschulen betroffen, darunter auch die Lehrerinnenbildungsanstalten der Ursulinen in Reichenberg und die der Borromäerinnen in Tetschen.

In den dreißiger Jahren gab es etwa 2800 deutsche Ordensfrauen in den Sudetenländern, von denen rund die Hälfte in der Kranken- und Altenpflege, je ein Viertel in der Kinderfürsorge und in der Schule tätig war. Im Jahre 1934 gab es im deutschen Sprachgebiet nur ein einziges Krankenhaus, in dem keine Ordensschwestern arbeiteten.
Eine genaue Übersicht über die sudetendeutschen Schwestern ist schwierig, da manche Konvente national gemischt waren und es in deutschen Klöstern einzelne tschechische Schwestern und umgekehrt gab. Die obige Zahl von 2800 Schwestern, die Schwester Illuminata Hart in ihrer Studie "Deutsche Ordensfrauen in den böhmischen Ländern" nennt, ist sicher die unterste Grenze. Der Olmützer Dominikaner P. A. Scherzer. geht in seinem Beitrag "Das Wirken der religiösen Orden und Kongregationen unter den Sudetendeutschen" von höheren Zahlen aus. Die Zahl der Schwestern in mehrheitlich deutschen Klöstern betrug nach ihm 3318; davon gehörten 353 zu den alten Orden, die übrigen 2965 zu den neuzeitlichen Kongregationen. Von den alten Orden waren damals noch die Zisterzienserinnen, die Klarissen, die Karmelitinnen, die Ursulinen und Salesianerinnen vertreten, wobei es, wie schon erwähnt, in einigen der

Klöster deutsche und tschechische Schwestern gab.
Die Zisterzienserinnen besaßen damals das Kloster Himmelspforte in Vorkloster - Tischnowitz in der Diözese Brünn, die Klarissen hatten ein Kloster in Leitmeritz und die Unbeschuhten Karmelitinnen auf dem Hradschin zu Prag. Ursulinenklöster mit nur deutschen oder vorwiegend deutschen Schwestern gab es in Reichenberg, Freiwaldau, Brünn, Amau, Hirschberg und Olmütz. Die Salesianerinnen bzw. der Orden von der Heimsuchung der seligsten Jungfrau Maria besaßen ihr Kloster in Chotieschau bei Pilsen.

Unter den Kongregationen gab es solche mit Mutterhäusern oder Provinzhäusern im Sudetenland; andere hatten deutsche Niederlassungen, gehörten aber zu einer tschechischen Provinz. Daneben gab es Häuser von reichsdeutschen oder österreichischen Schwesterngemeinschaften im sudetendeutschen Gebiet. Die stärkste Kongregation war vor dem Krieg die der Barmherzigen Schwestern vom hl. Kreuz (Kreuzschwestern), deren Böhmische Provinz ihr Provinzialmutterhaus in Eger hatte. Dort und in 67 Filialen arbeiteten 1934 über 800 Schwestern in Erziehung und Unterricht, in der Spital- und Krankenpflege sowie in der Armen- und

Waisenfürsorge. Bis zum Zweiten Weltkrieg stieg die Zahl der Kreuzschwestern auf fast 1.000. Die Borromäerinnen (Barmherzige Schwestern vom hl. Karl Borromäus) mit Mutterhäusern in Prag und Tetschen zählten 490 Schwestern, es folgen die Deutschordensschwestern (300) und die Armen Schulschwestern von Marienbad (270) und Austerlitz (155), die Barmherzigen Schwestern (108) und die Hedwigs-Schwestern (78).

Weitere Gemeinschaften waren im Jahre 1934 die Armen Dienstmägde Christi, die Armen Schwestern vom III. Orden des hl. Franz von Assisi zur Pflege Unheilbarer, die Barmherzigen Schwestern von der hl. Elisabeth (Graue Schwestern), die Dienerinnen des Heiligsten Herzen Jesu, die Englischen Fräulein, die Elisabethinerinnen, die Marienschwestern, die Karmelitinnen vom Göttlichen Herzen Jesu, die Schulschwestern vom III. Orden des hl. Franz, die Schwestern von der Unbefleckten Empfängnis vom III. Orden des hl. Franz von Assisi, die Servitinnen und das Eucharistische Sühnewerk, dessen Schwestern 1937 als Eucharistieschwestern die päpstliche Anerkennung von Rom erhielten.

Das Jahr 1938

Das Jahr 1938 brachte mit dem Anschluss des Sudetenlandes an das Deutsche Reich für die Kirche eine harte Zeit.
Die Mehrheit der sudetendeutschen Katholiken war »maßvoll national gesinnt, maßvoller als die Katholiken auf tschechischer Seite« (A. K. Huber). Da die überwältigende Mehrheit der Volksgruppe katholisch war, schienen Organisationen wie die Deutsche Christlichsoziale Partei, der »Volksbund deutscher Katholiken« und katholische Verbände als unnötig. So löste sich im März 1938 die Deutsche Christlichsoziale Partei unter Führung von Universitätsprofessor Prälat Dr. Karl Hilgenreiner auf, im Mai des gleichen Jahres gliederten sich die katholischen Jugendgruppen in die Sudetendeutsche Jugend ein.

Dies geschah in einem Überschwang nationaler Begeisterung, obwohl auch manche sudetendeutsche Priester und Laien vor dem Nationalsozialismus gewarnt hatten. Als 1937 die Enzyklika »Mit brennender Sorge« erschien und den Nationalsozialismus verurteilte, durfte dieses päpstliche Dokument in Deutschland nicht mehr verbreitet werden. Der sudetendeutsche Buchhänd-

ler und Verleger Eduard Schlusche druckte die Enzyklika und brachte sie heimlich über die reichsdeutsche Grenze. Er kam nach der Besetzung des Sudetenlandes ebenso ins KZ wie der Kolpingsenior Josef Tippelt, der im Riesengebirge auf der Schneekoppe noch Kolpingtreffen mit schlesischen Kolpingbrüdern durchführte, als solche Treffen im Reich bereits verboten waren. Tippelt wurde 1942 hingerichtet, Schlusche starb Anfang Mai 1945 in KZ-Haft.
Der Kirchenkampf, der nun von der Staatsgewalt des eigenen Volkes geführt wurde, war hart. Da auf dem Gebiet des 1938 an das Deutsche Reich angegliederten Sudetenlandes das Reichskonkordat von 1933 keine Gültigkeit hatte, besaßen die sudetendeutschen Priester noch weniger Schutz als im eigentlichen Deutschland. Zahlreiche kirchliche Anstalten, Klöster und Schulen wurden aufgehoben, für viele Priester gab es mannigfache Formen der Behinderung wie Schulverbot, geheime Überwachung, Ausreiseverbote, Hausdurchsuchungen, Verhöre, Verwarnungen, Geldbußen und Verbannung ("Gauverbot"). Über 150 Priester wurden inhaftiert, 60 davon kamen in Konzentrationslager, die meisten davon ins KZ Dachau, wo allein zwölf von ihnen ums Leben kamen. Andere starben in anderen Lagern oder Zuchthäusern.

Hart traf der Nationalsozialismus auch die sudetendeutschen Schwesternorden. Bereits Ende 1938 wurden die Servitinnen aus Gratzen vertrieben, dann folgte 1939 die Entlassung aller Ordensleute aus den Schulen. Es wurden damals im Sudetengebiet folgende von Schwestern geführte Schulen aufgelöst oder verstaatlicht: 43 Volksschulen, 28 Handelsschulen, 31 Frauenfachschulen, eine Lehrerbildungsanstalt, eine Bildungsanstalt für Handarbeits- und Hauswirtschaftslehrerinnen, zwei Kindergärtnerinnenseminare, drei Hilfsschulen und zahlreiche Kurse für Musik, Sprachen usw.

Eine Kreuzschwester aus Eger kam ins KZ; die aus Brünn stammende Sr. Restituta Kafka wurde 1943 in Wien hingerichtet.

Während der sieben Jahre dauernden Zugehörigkeit der sudetendeutschen Gebiete zum Deutschen Reich wurde in den einzelnen Diözesen eine jeweils unterschiedliche Regelung der deutschen Bistumsgebiete praktiziert.

Im Erzbistum Prag waren zwölf deutsche Vikariate zum Generalvikariat Schlackenwerth zusammengefasst worden. Solche Generalvikariate entstanden auch in Trautenau für das deutsche Gebiet des Bistums Königgrätz und in Nikolsburg (für Brünn). Andererseits fasste man im Bistum Leitmeritz, dessen Diözesangebiet mit der Bischofsstadt zum größten Teil nun im Reich lag, die tschechischen Gebiete des Protektorates zum Generalvikariat Kovan zusammen. Dagegen wurden die sudetendeutschen Gebiete der Diözese Budweis der vorläufigen Administration der Nachbardiözesen Regensburg, Passau, Linz und St. Pölten unterstellt. Da Olmütz bereits seit der Zeit Maria Theresias einen preußischen Anteil hatte, übertrug man dem in Katscher residierenden Generalvikar auch den nun sudetendeutschen Anteil der Diözese.

Die Vertreibung 1945/46

Durch die Behinderung des religiösen Lebens, durch Einziehung von Seminaristen zur Wehrmacht, Kriegsverluste und Drosselung des Nachwuchses in den Priesterseminaren hatte sich die Zahl der sudetendeutschen Priester bereits bis zum Jahre 1945 verringert. Sie dürfte etwa 1600 betragen haben, von denen 1450 von der Vertreibung betroffen wurden und mit ihren Pfarrkindern oder ihren Konventen aussiedeln mussten.

Bei Übergriffen von Tschechen kamen 1945 auch deutsche Priester ums Leben. Von der Ausweisung betroffen waren auch der deutsche Bischof von Leitmeritz, Anton Alois Weber, der aber vor dem Abtransport noch zuhause in Leit-

meritz starb, und der deutsche Weihbischof Johannes Remiger von Prag.
Mit ungefähr 235.000 sudetendeutschen Katholiken blieben auch 150 Priester in der Tschechoslowakei, deren Zahl sich dann ständig verringerte. 1956 waren noch 130 deutsche Priester in Böhmen und Mähren, die sich so verteilten:

Leitmeritz	55
Olmütz	42
Prag	11
Budweis	9
Breslauer Anteil	6
Königgrätz	4
Brünn	4

Bis zum Jahre 1965 war die Zahl auf 84 gesunken:

Leitmeritz	32
Olmütz	27
Prag	9
Budweis	3
Breslauer Anteil	5
Königgrätz	4
Brünn	4

Da diese Priester fast alle vor der Vertreibung geweiht worden waren, waren 1956 diese weni-

Die so genannten Königsteiner oder Ostdeutschen Schematismen, von denen seit 1947 bis 1988 acht veröffentlicht wurden, geben auch genaue Zahlen über die Zahl der heimatvertriebenen Priester in unserem Bistum: 1954 waren es 67 Weltpriester und 32 Ordenspriester.
Von den 67 vertriebenen Weltpriester kamen aus den Diözesen Böhmens und Mährens:
Achtzehn aus der Erzdiözese Olmütz, zwölf aus Prag, acht aus Leitmeritz, fünf aus Königgrätz und je zwei aus Budweis und Brünn. Neun Priester stammten aus Breslau, drei aus dem Ermland.
Unter den Ordenspriestern waren 26 aus den Gebieten jenseits von Oder und Neisse und sechs aus dem Sudetenland.
Seit der Reformation hatte sich Hessen konfessionell nicht mehr so verändert wie nach 1945. Die Provinz Oberhessen hatte 1939 424 politische Gemeinden, von denen 407 eine überwiegende evangelische Mehrheit hatten. In 54 Gemeinden gab es gar keine Katholiken, in 177 Gemeinden nur bis zu fünf katholische Bewohner. Nun kamen seit dem 4. Februar 1946 fast 400.000 meist katholische Sudetendeutsche nach

Hessen, dazu auch Ungarndeutsche, Schlesier und andere. Für sie musste die Kirche seelsorgerlich tätig sein.

Seit 1946 wurden im Bistum Mainz folgende neue Seelsorgestellen als Lokalkaplaneien gegründet und von vertriebenen Priestern seelsorgerlich übernommen:

Dekanat Alsfeld

1954 aus dem Dekanat Gießen ausgegliedert.

1. Brauerschwend (Mutterpfarrei Alsfeld) 1946, Pfr. Gerold Kreysa, Leitmeritz, ab 1956 Pfarrrektor.
2. Grebenau (Mutterpfarrei Alsfeld) 1946, Pfr. Johannes Klein, Olmütz, 1. Lokalkaplan
3. Großfelda (Mutterpfarrei Alsfeld) 1946, Pfr. Alois Seidemann, Prag, 1. Lokalkaplan.
4. Homberg a.d. Ohm (Mutterpfarrei Alsfeld) 1946, Pfr. Alfred Groß, Prag, 1. Lokalkaplan
5. Kirtorf (Mutterpfarrei Alsfeld) 1949, Pfr. Alfred Linkert, Brünn-Salzburg, 1. Lokalkaplan
6. Nieder-Gemünden (Mutterpfarrei Alsfeld) 1946, Pfr. Walter Sulke, Olmütz 1. Lokalkaplan
7. Romrod (Mutterpfarrei. Alsfeld) 1948, Pfr. Wolfgang Walter, Leitmeritz, 1. Lokalkaplan
8. Eichenrod (Mutterpfarrei Herbstein) 1947, Pfr. Anton Marschner, Leitmeritz, 1. Lokalkaplan
9. Freiensteinau (Mutterpfarrei Herbstein) 1947, Pfr. Josef Schneider, Königgrätz, 1. Lokalkaplan
10. Grebenhain (Mutterpfarrei Herbstein) 1946, Pfr. Bruno Esch, Olmütz, 1. Lokalkaplan

11. Schlitz (Mutterpfarrei Lauterbach) 1946, Pfr. Emil Hillebrand, Olmütz 1. Lokalkaplan, Pfr. Alfred Hedrich, Olmütz, ab 1948 in Schlitz Lokalkaplan.

Dekanat Benheim

12. Biebesheim (Mutterpfarrei Gernsheim) 1946, Pfr. Gerhard Passek, Breslau, 1. Lokalkaplan
13. Hüttenfeld (Mutterpfarrei Lampertheim St. Andreas) 1948, Pfr. Hauptmannl, Prag, 1. Lokalkaplan, ab 1952 Pfr.Johannes Borth, Königgrätz, 2. Lokalkaplan
14. Jugenheim (Mutterpfarrei Zwingenberg) 1946, Pfr. Hugo Zyka, Breslau, 1. Lokalkaplan
15 Reichenbach (Mutterpfarrei. Bensheim) 1946 Pfr. Joh. Borth, Königgrätz, 1. Lokalkaplan

Dekanat Büdingen

Aus dem Dekanat Gießen ausgegliedert

16. Gedern (Mutterpfarrei Büdingen) 1946, P. Joscf Jarschel, Redemptorist, Provinz Karlsbad, 1. Lokalkaplan
17. Stockheim (Mutterpfarrei Büdingen) 1946, Dechant Josef Kürbel, Olmütz, 1. Lokalkaplan
18. Wenings (Mutterpfarrei Büdingen) 1946, P. Johannes Holubarsch, Redemptorist, 1. Lokalkaplan, † 1952, 2. Lokalkaplan Hans May, Breslau
19. Echzell (Mutterpfarrei Nidda) 1946, Pfr. Anton Rawitzer, Prag, 1. Lokalkaplan
20. Eschenrod (Mutterpfarrei Nidda) 1950, Pfr. Hans Pilz, Leitmeritz, 1. Lokalkaplan
21. Oberlais (Mutterpfarrei Nidda) 1947, Pfr. Franz Hiemer, Olmütz, 1. Lokalkaplan
22. Ranstadt (Mutterpfarrei Nidda) 1947, Pfr. Anton Schild von Spannenberg (Prag),

1. Lokalkaplan

23. Schotten (Mutterpfarrei Nidda) 1946, Pfr. Dr. Adolf Schindler, Olmütz, 1. Lokalkaplan
24. Sellnrod (Mutterpfarrei. Nidda) 1948, Pfr. Gotthard Schleicher, Olmütz, 1. Lokalkaplan.
25. Ulfa (ab 1952 nach Oberschmitten verlegt) (Mutterpfarrei Nidda) 1946, Pfr. Josef Kögler, Leitmeritz, 1. Lokalkaplan, ab 1949 Pfr. Josef Binder (Prag), 2. Lokalkaplan
26. Ulrichstein (Mutterpfarrei Nidda) 1946, Pfr. Konrad Lang, Prag, 1. Lokalkaplan, ab 1948 Heribert Ullrich, Breslau, 2. Lokalkaplan

Dekanat Darmstadt

27. Darmstadt Hl. Kreuz (Mutterpfarrei Liebfrauen) 1952, P. Beda Otmar Romanczyk, Deutschordenspriester (Provinz Troppau/Mähren) 1. Lokalkaplan
28. Griesheim (Mutterpfarrei Darmstadt St. Stephan, Ungarnsiedlung) 1949, Pfr. Peter Schröder, Agram, 1. Lokalkaplan
29. Nauheim (Mutterpfarrei Groß Gerau) 1947, Pfr. Johann Höfner, Prag, 1. Lokalkaplan
30. Obermodau (Mutterpfarrei Darmstadt-Eberstadt) 1949, Pfr. Heinrich Bomers (aus der Administratur Burgenland-Eisenstadt), 1. Lokalkaplan
31. Pfungstadt (Mutterpfarrei Darmstadt-Eberstadt) 1946, Pfr. Emil Wrabetz, Königgrätz, 1. Lokalkaplan

Dekanat Dieburg

32. Babenhausen (Mutterpfarrei Dieburg) 1946, Pfr. Anton Schubert, Olmütz, 1. Lokalkaplan

33. Brensbach (Mutterpfarrei Groß-Zimmern) 1947, Pfr. Heinrich Trubrig, Olmütz, 1. Lokalkaplan
34. Habitzheim (Mutterpfarrei Groß-Zimmern) 1946, Pfr. Franz Pöpperl, Prag, 1. Lokalkaplan
35. Höchst-Hetschbach (Mutterpfarrei Neustadt i.O.) 1946, Pfr. Franz Polak, Olmütz, 1. Lokalkaplan
36. Lichtenberg-Groß-Biberau (Mutterpfarrei Groß-Zimmern) 1946, Pfr. Alois Tille, Prag, 1. Lokalkaplan

Dekanat Friedberg

37. Gambach (Mutterpfarrei Butzbach) 1946, Pfr. Edmund Artel, Olmütz, 1. Lokalkaplan
38. Langgöns (Mutterpfarrei Butzbach) 1946, Pfr. Artur Seidel, Olmütz, 1. Lokalkaplan
39. Wölfersheim (Mutterpfarrei Oppershofen) 1946, Pfr. Adolf Hampel, 1. Lokalkaplan

Dekanat Gießen

40. Allendorf a.d. Lumda (Mutterpfarrei Gießen, St. Bonifatius) 1946, P. Raymund Alfred Gröger, OFMCap., (Böhmisch-mährische Kapuzinerprovinz), 1. Lokalkaplan
41. Großen-Busek (Mutterpfarrei Gießen) 1946, Pfr. Johannes Loos, Olmütz, 1. Lokalkaplan
42. Lollar (Mutterpfarrei Gießen, St. Bonifatius) 1946, Emil Schmidt, Olmütz, 1. Lokalkaplan
43. Merlau (Mutterpfarrei Grünberg) 1949, Pfr. Franz Nowak, Breslau, Sudetenanteil, 1. Lokalkaplan
44. Weikartshain (Mutterpfarrei.Grünberg) 1956, Pfr. Hans Pilz, Leitmeritz, Lokalkaplan

Dekanat Offenbach

45. Egelsbach (Mutterpfarrei Langen) 1946,

Pfr. Josef Wirtz (kam aus dem Böhmerwald Eisenstein-Eisenstraß), 1. Lokalkaplan

46. Götzenhain (Mutterpfarrei Sprendlingen) 1946, Pfr. Josef Hruschka, Olmütz, 1. Lokalkaplan
47. Offenbach Heilig-Kreuz (Mutterpfarrei Offenbach, St. Marien), Pfr. Dr. Karl Reiß, Prag, 1. Lokalkaplan, erst Kaplan in St. Marien, ab 1947 1. Diözesanvertriebenenseelsorger

Seit dem Jahre 1953 wurden immer mehr dieser Lokalkaplaneien zu Pfarrkirchen erhoben, später zu Pfarreien.
Eine Reihe von Lokalkaplaneien war von Anfang an mit Mainzer Diözesanpriestern besetzt wie die folgenden:

1. Beerfelden, Pfarrei Erbach i.O., ab 1946 Pfr. Böhm, Breslau, ab 1950 Lokalkaplan Stolz
2. Rodheim v.d. Höhe, 1950 Lokalkaplan Ebbe
3. Bad König, Pfarrei Vielbrunn, 1946, Lokalkaplan Heinrich, bald Pfarrkurat
4. Fauerbach v.d. Höhe, Pfarrei Obermörlen, 1952, Pfr. Rettig 1. Lokalkaplan
5. Münzenberg, Pfarrei Rockenberg, 1952, Pfr. Schäfer, Theodor, 1. Lokalkaplan, nach ihm Pfr. Emil Hillebrand (Olmütz)
6. Grünberg, Pfarrei Gießen, 1946, Schütz, 1. Lokalkaplan, bald Pfarrkuratie
7. Hungen, Pfarrei Lich, 1947, Lokalkaplanei noch nicht besetzt, 1949 Pfr. Rosskopf, 1. Pfarrkurat
8. Laubach, Pfarrei Lich, 1947, Lokalkaplan Sommer, ab 1951 Kuratie
9. Sellnrod, Pfarrei Nidda, 1950, Peter Schmitt,

Lokalkaplan, später Laubach
10. Walldorf-Mörfelden, 1945, Rodach, Lokalkaplan

Heimatvertriebene Priester 1946 im Bistum Mainz

Nach dem Schematismus der Diözese Mainz waren 1946 folgende heimatvertriebene Priester im Bistum:

1. Artel, Edmund (Olmütz),
   Lokalkaplan in Gambach
2. Baruschke, Alois (Olmütz),
   Lokalkaplan in Rodheim v.d. Höhe
3. Borth, Johannes (Königgrätz),
   Lokalkaplan in Reichenbach i.O.
4. Böhm, Johann (Breslau),
   Lokalkaplan in Beerfelden i.O.
5. Dürschlag, Johannes (Prag, Glatz)
   Pfarrer wohnhaft in Lorsch (noch ohne Verwendung.
6. Ebert, Dr. Hermann (Prag),
   Kaplan in Darmstadt, St. Ludwig
7. Elsner, Gustav (Leitmeritz),
   Kaplan in Unterflockenbach 1951,
   Hausgeistlicher Ober-Mossau
8. Esch, Bruno (Olmütz),
   Lokalkaplan in Grebenhain
9. Gröger, Alfred (Kapuziner),
   Lokalkaplan in Allendorf/Lumda
10. Groß, Alfred (Prag),
    Lokalkaplan in Homberg/Ohm
11. Hampel, Adolf (Leitmeritz),
    Lokalkaplan in Wölfersheim

12. Hauptmannl, Anton (Prag)
Pfarrer noch ohne Verwendung,
Hausgeistlicher in Waldmichelbach
13. Hauser, Andreas, Prälat (Prag),
Obermossau
Hausgeistlicher im Altersheim
14. Hedrich, Alfred (Olmütz),
Kaplan in Lauterbach
15. Hiemer, Franz (Olmütz), Kaplan in Nidda
16. Hillebrand, Emil (Olmütz)
Lokalkaplan in Schlitz
17. Holubarsch, Johannes (Redemptorist, Prov. Karlsbad), Lokalkaplan in Wenings
18. Höfner, Johannes (Prag),
Lokalkaplan in Nauheim bei Rüsselsheim
19. Wornsteiner, Wenzel (Prag), Neustadt i. O.
Marienkrankenhaus
20. Hruschka, Johannes (Olmütz)
Lokalkaplan in Götzenhain
21. Janko, Dr. Anton (Königgrätz),
Kaplan in Wiesbaden-Kostheim, St. Kilian
22. Jarschel, Joseph (Redemptorist, Prov. Karlsbad) Lokalkaplan in Gedern
23. Klein, Johannes (Olmütz),
Lokalkaplan in Grebenau bei Alsfeld
24. Kögler, Joseph (Leitmeritz),
Lokalkaplan in Ulfa bei Nidda
25. Korda, Gustav (Königgrätz),
Studienrat i.R. in Lorsch
26. Kostial, Friedrich (Leitmeritz),
Kaplan in Bad Vilbel
27. Kreysa, Gerold (Leitmeritz),
Lokalkaplan in Brauerschwend bei Alsfeld
28. Krischke, Dr. Karl (Olmütz),

Kaplan in Lorsch

29. Kürbel, Joseph (Olmütz),
Lokalkaplan in Stockheim
30. Lang, Konrad (Prag),
Lokalkaplan in Ulrichstein
31. Loos, Johannes (Olmütz)
Lokalkaplan in Großen-Buseck
32. Maday, Joseph (Neusohl-Slowakei),
Kaplan in Bürstadt
33. Müller, Ferdinand (Olmütz),
Lokalkaplan in Ober-Modau
34. Passek, Gerhard (Breslau),
Lokalkaplan in Biebesheim
35. Penkert, Franz (Redemptorist, Prov. Karlsbad),
Missionar in Gießen
36. Pöpperl, Franz (Prag),
Lokalkaplan in Habitzheim
37. Rawitzer, Anton (Prag),
Lokalkaplan in Echzell
38. Reiß, Dr. Karl (Prag),
Diözesanflüchtlingsseelsorger in Offenbach
39. Schall, Leo (Breslau), Krankenhausgeistlicher
in Offenbach St. Joseph
40. Scharf, Joseph (Königgrätz),
Kaplan in Ober-Abtsteinach
41. Schild von Spannenberg, Anton (Prag),
Lokalkaplan in Rimbach
42. Schindler, Dr. Adolf (Olmütz),
Lokalkaplan in Schotten
43. Schinzel, Adolf (Olmütz),
Kaplan in Lindenfels
44. Schmidt, Emil (Olmütz), Kaplan in Gießen,
dann Lokalkaplan in Lollar
45. Schneider, Joseph (Königgrätz),

Lokalkaplan in Freiensteinau. Pfarrer in Herbstein

46. Schubert, Anton (Königgrätz), Lokalkaplan in Babenhausen
47. Seidel, Arthur (Olmütz), Lokalkaplan in Langgöns
48. Seidemann, Alois (Prag), Lokalkaplan in Großfelda, Krs. Alsfeld
49. Sulke, Walter (Olmütz), Lokalkaplan in Nieder-Gemünden, Krs. Alsfeld
50. Tille, Alois (Prag), Lokalkaplan in Lichtenberg-Groß-Bieberau
51. Trubig, Heinrich Adolf (Olmütz), Lokalkaplan in Brensbach
52. Waclaw, Joseph (Redemptorist, Prov. Karlsbad), Volksmissionar in Gießen
53. Weiß, Franz (Brünn), Kaplan in Nieder-Roden
54. Weinhandl, Joseph (Györ-Nordungarn), Kaülan in Erbach i.O.
55. Wirtz, Joseph (Pfr. in Eisenstraß / Böhmerwald), Lokalkaplan in Egelsbach
56. Wrabetz, Emil (Königgrätz), Lokalkaplan in Pfungstadt
57. Zyka, Hugo (Breslau), Lokalkaplan in Jugenheim

In den nächsten Jahren kamen noch folgende Ostpriester hinzu:

1. Binder, Joseph (Prag), Lokalkaplan in Ulfa ab 28.10.1949, ab 1953 Oberschmitten
2. Hönnl, Johann (Prag), Aussiedlung 16.4.1948, 9.7.1948 Hausgeistlicher in Neustadt i. O., 1.11958 Aushilfspriester in Bürstadt

3. Lehnert, Edgar (Olmütz), 1.7.1948, Kaplan in Ober-Erlenbach
4. Linkert, Alfred (Brünn), 1.7.1949, Lokalkaplan in Kirtorf, † 1.5.1952 in Kirdorf
5. Kallip, Helmut (Kreuzherrenorden Prag), 1953 Klinikseelsorger
6. Kunkel, Karl (Ermland), 1950 Rektor im Konvikt Bensheim
7. May, Hans (Breslau), nach Kriegsgefangenschaft ab 16.61948 in Lindenfels, Kaplan Mörlenbach, 26.3.1952 Lokalkaplan in Wenings, 1.4.1957 Pfarrverwalter
8. Nowak, Franz (Breslau, sudetendeutscher Anteil), 15.3.1949 Lokalkaplan in Merlau
9. Pilz, Hans (Leitmeritz), bis 1950 Vikar in der DDR, 25.4.1950 Lokalkaplan in Eschenrod, 1.5.1953 Lokalkaplan in Sellnrod, 1.4.1956 Lokalkaplan in Weikartshain
10. Schleicher, Gotthard (Olmütz und Jassy), 15.12.1948 Lokalkaplan in Sellnrod
11. Romanczyk Beda, Otmar, (OT), 1.5.1950 Kaplan in Darmstadt St. Ludwig, 1.9.1952 Lokalkaplan in Darmstadt Hl. Kreuz
12. Schröder, Ansgar Hans (OT), 1.6.1950 Kaplan in Darmstadt St. Ludwig und dann Verwendungen in Ober-Mossau, Lampertheim etc.
13. Schröder, Peter (Agram), 1.3.1949 Lokalkaplan in St. Stephan in Darmstadt
14. Ulrich, Heribert (Breslau), 1.9.1948 Lokalkaplan in Ulrichstein, kam aus Selb
15. Walter, Wolfgang (Leitmeritz), 1946 Hilfspriester in Rosenheim, 1.12.1948 Lokalkaplan in Zell-Romrod

Vertriebene Ordensgemeinschaften im Bistum Mainz

Unter den rund 180.000 katholischen Vertriebenen waren auch Mitglieder von Männer- und Frauenklöstern. In Bad Wimpfen ließen sich die Benediktiner aus dem schlesischen Grüssau nieder. Sie hatten Grüssau erst nach dem Ersten Weltkrieg vom Prager Kloster Emmaus aus besiedelt. Nach Darmstadt kamen Patres des Deutschen Ordens. Der Hochmeister des Ordens hatte bis 1946 im sudetenschlesischen Freudenthal residiert. In Gießen wirkten an der neuen St. Albertus-Kirche schlesische Jesuiten, ebenso in Darmstadt, wo auch P. Johannes Leppich wirkte. Redemptoristen der Provinz Karlsbad kamen als Lokalkapläne ins Bistum, so gründete Pater Johannes Holubarsch die Lokalkaplanei Wenings, wo er sich so aufopferte, dass er bereits 1952 starb.

In Gedern war P. Josef Jarschel bis 1950 Lokalkaplan, sein Nachfolger war bis 1954 P. Josef Casper aus Sudetenschlesien. Versuche der Redemptoristen, unter Provinzial Augustin Reimann ein Kloster in Gießen zu gründen, hatten keinen Erfolg.

Weibliche Kongregationen aus dem Sudetenland, Schlesien und Ostpreußen, die mit Schwestern im Bistum neue Heimat fanden, sind die Barmherzigen Schwestern vom 3. Orden des hl. Franziskus aus Troppau, die Borromäerinnen aus Trebnitz, die Deutsch-Orden-Schwestern aus Sudetenschlesien, die Armen Schwestern aus Breslau und die Katharinenschwestern aus dem Ermland.

Nach der Vertreibung geweihte heimatvertriebene Priester

Es konnten sich auch nach der Vertreibung in den Aufnahmegebieten Männer für die alten Diözesen der verlorenen Heimat weihen lassen, doch ließen sich die meisten im Bistum Mainz inkardinieren.

Folgende Priester aus dem Osten sind nach 1946 für das Bistum Mainz geweiht worden:

1. Benirschke, Walter †
   geb. 26.2.1929 in Bärn, Mähren (Olmütz),
   geweiht 1.3.1958 in Mainz
2. Blau, Wolfgang
   geb. 16.3.1940 in Breslau (Breslau),
   geweiht 25.7. in Main
3. Czekala, Anton
   geb. 12.5.1917 in Ratibor, Oberschlesien,
   geweiht 27.6.1948 in Ratibor (Breslau)
4. Eisenbach, Franziskus, Dr. theol.
   geb. 1.5.1943 in Großstrehlitz (Schlesien),
   geweiht 30.7.1967 in Mainz
5. Fahl, Ulrich
   geb. 8.8.1953 in Worlok (Ermland),

Ostpreußen, geweiht 25.2.1961 in Mainz

6. Feige, Franz Peter
geb. 10.11.1933 in Schweidnitz, Schlesien (Breslau), geweiht 26.7.1959 in Mainz

7. Figura, Franz Michael, Dr. theol.
geb. 19.4.1943 in Gleiwitz, Oberschlesien (Breslau), geweiht 10.10.1969 in Rom

8. Götz, Günther
geb. 26.4.1942 in Frühbuß, Böhmen (Prag), geweiht 30.7.1967 in Mainz

9. Grittner, Helmut
geb. 18.4.1941 in Ziegenhals, Oberschlesien (Breslau),
geweiht 30.7.1967 in Mainz

10. Grunwald, Ulrich
geb. 15.11.1928 in Elbing, Westpreußen (Ermland), geweiht 27.2.1954 in Mainz

11. Maiduk, Johannes MFS, Dr. theol
geb. 9.6.1928 in Mochau, Oberschlesien (Breslau), geweiht 30.11.1958 in Rom

12. Hanschur, Helmut
geb. 29.9.1925 in Gleiwitz, Oberschlesien (Breslau), geweiht 6.1.1951 in Mainz

13. Hasenbein, Günter
geb. 16.11.1934 in Schneidemühl, Westpreußen (Freie Prälatur Schneidemühl),
geweiht 28.7.1963 in Mainz

14. Haubrich, Philipp
geb. 21.10.1930 in Csonoplya, Jugoslawien (Subotica),
geweiht 26.2.1956 in Mainz

15. Heinisch, Helmut
geb. 4.5.1925 in Brünn, (Brünn),
geweiht 27.2.1954 in Mainz
16. Herden, Leonhard
geb. 16.11.1928 in Ludwigsdorf, Grafschaft Glatz (Prag/Glatz),
geweiht 5.7.1959 in Münsterschwarzach
17. Hildebrand, Josef
geb. 6.3.1948 in Ohlau, Schlesien (Breslau),
geweiht 28.5.1972 in Breslau
18. Jungnitz, Ingobert
geb. 24.10.1928 in Waldenburg, Schlesien (Breslau)
geweiht 28.2.1953 in Mainz
19. Kalus, Wolfgang,
geb. 13.3.1928 in Rosenberg, Oberschlesien (Breslau),
geweiht 27.7.1958 in Mainz
20. Keindl, Anton
geb. 24.9.1932 in Felsögella, Ungarn,
geweiht 11.7.1970 in Mainz
21. Kober, Sigmar
geb. 10.7.1943 in Ziegenhals, Oberschlesien (Breslau), geweiht 13.7.1968 in Mainz
22. Kopatsch, Josef
geb. 7.10.1937 in Taschwitz, Sudetenland (Prag), geweiht 11.6.1977 in Mainz
23. Kotschner, Johann
geb. 21.7.1993 in Deutsch-Proben, (Neusohl, Slowakei), geweiht 27.2.1965 in Mainz
24. Kraus, Johannes †

geb. 9.4.1933 Marienbad,(Prag)
geweiht 29.4.1962 in Limburg

25. Moche, Josef
geb. 6.3.1938 in Freiwaldau, Sudetenland, (Breslau), geweiht 26.7.1965 in Mainz

26. Mohler, Gunther †
geb. 17.3.1931 in Deutsch-Brodek, Mähren, (Olmütz), geweiht 28.7.1957 in Mainz

27. Moldhäufel, Walter †
geb. 26.11.1942 in Iglau (Königgrätz),
geweiht 29.5.1976

28. Novotny, Karl-Heinz
geb. 25.7.1942 in Geppersdorf, Sudetenland (Olmütz),geweiht 30.06.1967 in Mainz

29. Röhr, Lothar
geb. 18.12.1937 in Altmohrau, Schlesien (Prag / Glatz),geweiht 31.7.1966 in Mainz

30. Roth, Peter Henning
geb. 11.9.1926 in Bad Waldenburg, Schlesien (Breslau), geweiht 24.7.1955 in Mainz

31. Sachs, Franz
geb. 6.5.1949 in Pfungstadt (Vertriebenenherkunft),
geweiht 14.6.1975 in Mainz

32. Schäfer, Hubert
geb. 21.3.1935 in Lamsdorf, Oberschlesien (Breslau), geweiht 2.3.1963 in Mainz

33. Schneider, Horst
geb. 11.5.1942 in Lauterwasser, Sudetenland (Königgrätz),
geweiht 30.7.1967 in Mainz

34. Seidel, Dr. Walter
geb. 22.2.1926 in Waldenburg, Schlesien (Breslau),
geweiht 27.2.1954 in Mainz
35. Stingl, Dr. Wolfgang
geb. 4.8.1944 in Eger, Westböhmen (Prag),
geweiht 30.6.1979 in Mainz
36. Stolle, Franz
geb. 30.8.1936 in Neustadt, Oberschlesien (Breslau)
geweiht 30.7.1979 in Mainz
37. Thiel, Hubert †
geb. 11.5.1936 in Zöptau, Mähren (Olmütz),
geweiht 29.7.1962 in Mainz
38. Wendt, Norbert
geb. 29.12.1937 in Mähr.Ostrau, Mähren (Olmütz),
geweiht 29.2.1964 in Mainz

Dazu kamen nach dem Zweiten Vatikanischen Konzil acht ständige Diakone, die Heimatvertriebene sind:

1. Beck, Hans Peter
geb. 3.7.1936 in Follmersdorf, Schlesien,
geweiht 23.6.1979 in Mainz
2. Bienias, Josef
geb. 16.11.1924 in Hindenburg, Oberschlesien (Breslau),
zum Diakon geweiht am 8.11.1975 in Mainz
3. Castner, Alfred
geb. 3.10.1931 in Klodnitz (Schlesien),

zum Diakon geweiht am 9.11.1974 in Mainz

4. Jaschke, Gerald
geb. 23.1.1938 in Bärn, Sudetenland, Mähren (Olmütz)
zum Diakon geweiht am 10.11.1973 in Mainz

5. Heinisch, Hermann
geb.26.11.1921 in Deutsch-Liebau, Mähren (Olmütz)
zum Diakon geweiht am 10.11.1973 in Mainz

6. Piezl, Robert
geb. 15.5.1929, Bistum Leitmeritz, Sudetenland
zum Diakon geweiht am 8.11.1975 in Mainz

7. Schnöring, Siegfried
geb. 10.2.1944 in Chodau bei Karlsbad, Sudetenland (Prag),
zum Diakon geweiht am 25.5.1985 in Mainz

8. Zecha, Franz
geb. 3.3.1934 in Mährisch-Trübau, Mähren (Olmütz),
zum Diakon geweiht am 8.11.1975 in Mainz

Nicht aufgenommen sind in dieser Aufstellung Priester, die erst als Spätaussiedler kamen sowie Ordensleute aus dem Osten, die in der Seelsorge des Bistums tätig sind oder sich im Ruhestand im Bistum niederließen.

Rudolf Grulich

Wohin gehören die heimatvertriebenen Priester?

Nach dem Ende der kommunistischen Herrschaft hatte auch die Kirche in unseren östlichen Nachbarländern ihre Freiheit zurück gewonnen. Bis dahin waren eine Reihe von Problemen nicht gelöst worden, weil die Bischöfe im Osten zum Teil amtsbehindert waren, zum Teil das Regime manche Fragen nicht aufwerfen ließ. Dazu gehörte letztlich auch die Frage, zu welchen Diözesen die seit 1945 vertriebenen deutschen Priester eigentlich gehören.

Nach dem Kirchenrecht ist jeder Kleriker in eine Diözese (oder einen Orden) eingegliedert, was mit dem lateinischen Begriff Inkardination ausgedrückt wird. Nach dem Zweiten Weltkrieg kamen mit den fast 15 Millionen Vertriebenen, von denen über die Hälfte Katholiken waren, rund 4000 Priester als Heimatlose nach Deutschland, zum geringen Teil auch nach Österreich. Außerdem kehrten Hunderte von Theologen aus dem Krieg zurück, die ihr Studium fortsetzen wollten. Die Priester wurden im Westen von den jeweiligen Bischöfen aufgenommen und in der Seelsorge eingesetzt. Inkardiniert aber waren sie weiterhin in den östlichen Diözesen, für die sie geweiht worden waren. Dort wurden sie auch noch in den Schematismen geführt, solange solche vor der Machtübernahme der Kommunisten noch erscheinen konnten. Der Prager Schematismus spricht von „sacerdotes nationis germanicae emigrati“, also emigrierten, ausgewanderten (!), nicht vertriebenen Priestern deutscher Nation. Es waren immerhin 233 Geistliche, darunter auch Weihbischof Dr. Johannes Remiger. Sie wurden ohne ihre Titel (wie Pfarrer usw.) geführt. Andere Diözesen wie Königgrätz sprachen von „abgeschobenen deutschen Priestern“ und gebrauchen dabei den Ausdruck „odsun“ (Abschub) der offiziellen tschechischen Sprachregelung. Manche Priester ließen sich im Westen in ihre Aufnahmediözese inkardinieren, viele taten dies bewusst nicht, weil sie sich trotz der Vertreibung ihrer Weihediözese zugehörig fühlten. Dies war vor allem bei sudetendeutschen Priestern der beiden Erzbistümer Prag und Olmütz, der Bistümer Leitmeritz, Königgrätz, Budweis und Brünn sowie des im Sudetenland gelegenen Teiles der Erzdiözese Breslau der Fall. Nach 1989 erhofften einige die Wiederaufnahme in ihre alte Diözese im Osten.

Nach nunmehr fast 60 Jahren seit der Vertreibung scheint dieses Problem biologisch gelöst, denn wer bis 1945 geweiht wurde, hat längst sein

Goldenes Priesterjubiläum gefeiert oder weilt nicht mehr unter den Lebenden. Nach 1945 gab es aber klare Aussagen Roms über die Weihe der „Ost-Theologen“. Nach dem Codex Juris Canonici von 1917 war die Tonsur der erste Schritt zur Inkardination. So tauchten Fragen auf, ob Theologen mit Tonsur nun weitere Weihen empfangen sollten, wenn die zuständigen Weiheordinarien im Osten nicht erreichbar waren. Was sollte mit jenen Theologen aus dem Osten geschehen, die erst um die Tonsur baten, keine Dimissorien ihres Oberhirten hatten, aber einmal wieder in ihre Heimat zurückkehren wollten? Bereits 1945 befasste sich die Fuldaer Bischofskonferenz mit solchen Fragen und bat in Rom um Instruktionen. Diese brachten ein römisches Dekret vom 14. April 1946.

Diejenigen, die bereits durch die Tonsur in eine Ostdiözese inkardiniert waren, sollten die weiteren Weihen als Kleriker der alten Heimatdiözese erhalten. Nach der Priesterweihe gehörten sie rechtlich dieser Heimatdiözese an, wurden aber in der Praxis als „diözesanfremde Priester in den Dienst einer westlichen Diözese“ übernommen. Von den über 1000 Theologen des deutschen Ostens in den Seminaren wie Breslau, Prag, Leitmeritz, Braunsberg usw. hatten 400 nach dem Krieg ihr Studium fortgesetzt, auch in Königstein, wo für sie ein eigenes Priesterseminar entstand. Die davon später zu Priestern Geweihten erhöhten die Zahl der Vertriebenen-Priester und brachten eine altersmäßige Verjüngung dieser Gruppe. Während bis 1948 noch Briefwechsel über Weiheangelegenheiten mit den Bischöfen im Osten erfolgte, wurde dies mit dem Eisernen Vorhang im Kalten Krieg unmöglich, so dass die Ortsordinarien in Deutschland unter folgenden Bedingungen weihten:

1. Die Weihekandidaten mussten zustimmen, vorläufig im Dienst der Diözese des Weihbischofs zu bleiben.
2. Sie mussten ausdrücklich versprechen, dass sie bereit waren, „in ihre alten Heimatdiözesen zurückzukehren, sobald sie von ihren Heimatordinarien zurückberufen würden und die Zeit- und Ortsumstände diese Rückkehr erlaubten".

Das römische Dekret betonte ausdrücklich, dass dabei nicht über die Inkardination oder Exkardination entschieden werde. Diese Gruppe von bereits mit der Tonsur Versehenen existierte bald nicht mehr, da in wenigen Jahren ihre weitere Ausbildung abgeschlossen war. Es gab aber auch solche, die im Osten noch keine Tonsur empfangen hatten, oder die sich erst nach der Vertreibung für den Priesterberuf entschieden. Auch auf sie ging das Päpstliche Dekret ein. Für sie gab es verschieden Möglichkeiten:

1. Sie konnten sich in eine westliche Diözese inkardinieren lassen.
2. Wenn sie ihre alten Ordinarien erreichten und von diesen die Dimissorien erhielten, konnten sie sich im Westen für die Diözese ihrer alten Heimat weihen lassen.
3. Falls die alten Ordinarien nicht erreichbar waren, durfte sie der jeweilige Ortsordinarius unter den gleichen Voraussetzungen wie bereits Tonsurierte weihen: Zustimmung zum Dienst im Bistum des Weihbischofs und Rückkehrversprechen.

Dieses Dekret von 1946 wirkte sich unterschiedlich aus. Zahlreiche Osttheologen wurden in westlichen Diözesen ohne rechtliche Bindung an die alte Heimat geweiht. Bei den 90 sudetendeutschen und 10 donauschwäbischen Theologen, die zwischen 1946 und 1955 geweiht wurden, erhielten 18 ihre Dimissorien noch von der Heimatdiözese oder hatten dort bereits die Tonsur erhalten. 52 sind nach den päpstlichen Bestimmungen von 1946 geweiht worden, die übrigen wurden in der Weihediözese inkardiniert.

Erst 1954 griff die Fuldaer Bischofskonferenz das Thema erneut auf und suchte nach einer Lösung, da nun die neuen Studenten fast ein Jahrzehnt im Westen einen ordentlichen Wohnsitz hatten. Kardinal Frings wandte sich deshalb 1955 erneut an Rom mit der Bitte, „es möchten zu den Weihen nicht zugelassen werden ohne Inkardination in eine bestimmte Diözese jene Flüchtlingsstudenten, die Priester werden wollen und in der Herkunftsdiözese nicht einmal die erste Tonsur erhalten haben“.

Im Antwortschreiben des Päpstlichen Staatssekretariates vom 5. Februar 1955 heißt es, dass auch der Papst davon unterrichtet wurde und „dass die Bischöfe jene Flüchtlings-Studenten, die Priester werden wollen … in ihre Diözesen inkardinieren können unter folgenden Bedingungen:

1. dass der Bischof, der sie inkardinierte, ihrer Rückkehr zustimmen wird, sobald die Rückkehr dieser Kleriker in ihre Herkunftsdiözese möglich ist und der Ordinarius sie anfordert.

2. dass die Kleriker sich selbst bereit erklären zu solcher Rückkehr.“

Diese Regelung brachte eine klare Rechtslage: die Möglichkeit einer bedingten Inkardination.

Sie wurde in den folgenden Jahrzehnten immer seltener wahrgenommen und verschwand mit der Sistierung des Priesterseminars in Königstein. Daneben gab es einige Fälle, dass Priester nur „ad titulum missarum“, nicht auf eine Diözese geweiht wurden. Das Privileg solcher Weihen hatten die Kardinäle Josef Frings (Köln) und Joseph Wendel (München).

Es ist nicht bekannt, wie viele Priester nach 1955 die Möglichkeit der bedingten Inkardination in Anspruch nahmen. Nach dem letzten detaillierten Verzeichnis der heimatvertriebenen Priester, dem sog. 8. Königsteiner Schematismus, gab es 3192 erfasste Priester. Von ihnen lebten in den Diözesen der damaligen Bundesrepublik:

Aachen	47
Augsburg	128
Bamberg	92
Eichstätt	50
Essen	53
Freiburg	88
Fulda	105
Hildesheim	204
Köln	114
Limburg	96
Mainz	94
München	182
Münster	114

Osnabrück	117
Paderborn	261
Passau	88
Regensburg	124
Rottenburg	150
Speyer	16
Trier	62
Würzburg	85

In den Jurisdiktionsgebieten der damaligen DDR waren es:

Berlin	98
Görlitz	52
Erfurt/Meinigen	50
Dresden/Meißen	113
Schwerin	44
Magdeburg	40

Dazu kamen 260 ostdeutsche Priester in Österreich, davon allein 118 im Erzbistum Wien, sowie andere im Ausland tätige Priester sowie die Ordensleute.

Diese Zahlen sind seitdem durch Todesfälle stark gesunken, aber es gab nach 1989 erneute Diskussionen um die Inkardination. Manche alten sudetendeutschen Priester wären gerne wieder in den Schematismus ihrer Heimatdiözese aufgenommen worden, für die sie einst das „Adsum“ sprachen. Sie starben, ohne es erlebt zu haben.

Die Zahl der Rückkehrer ist gering, wofür es verschiedene Gründe gibt: Die hier erst Ausgebildeten und Geweihten sprechen nicht mehr die östlichen Sprachen. Der Priestermangel ist auch hier sehr groß. Kaum ein Ordinarius der Herkunftsdiözesen hat die sub conditione Inkardinierten angefordert, wie es das päpstliche Schreiben von 1955 vorsieht. Bei der Neuregelung der Vertriebenenseelsorge Anfang 1999 wurden diese Fragen aufgegriffen und es mussten sich alle vertriebenen Priester in den Tunc-Diözesen inkardinieren.

Verschiedene Bischöfe des Ostens gingen auf ihre vertriebenen Priester zu. So lud der Erzbischof von Olmütz, Jan Graubner, diese Priester zur Begegnung in seine Diözese ein und ernannte mit Weihbischof Gerhard Pieschl (Limburg) einen Vertriebenen zum Ehrendomherrn in Olmütz. Solche Ernennungen von Domherren gibt es auch in Prag, Budweis und Leitmeritz.

Unter den Beispielen von Rückkehrern in den Osten aus Liebe zur alten Heimat sei der heutige Bischof von Temeschwar genannt. Der 1942 geborene Martin Roos hatte noch 1961 in Rumänien sein Abitur gemacht, ehe die Mutter mit ihm aussiedelte. Er studierte in Königstein und trat 1969 ins Priesterseminar Rottenburg ein. Als Priester wirkte er als Kaplan und Pfarrer im Bistum Rottenburg, bis er nach der Wende in Rumänien vom damaligen Bischof Walter Kasper 1990 für die Diözese Temeschwar freigestellt wurde. Dort arbeitete er als Kanzler der bischöflichen Kurie und Stellvertreter des Generalvikars in einer mehrsprachigen Diözese, in der deutsche, rumänische, ungarische, kroatische, tschechische, slowakische und bulgarische Katholiken leben. Nachdem Bischof Sebastian Kräuter aus Altersgründen zurücktrat, ernannte Papst Johannes Paul II. Martin Roos zum neuen Oberhirten. Ende August 1999 wurde er in Temeschwar zum Bischof geweiht.

Adolf Hampel

Eine Erinnerung an die Kapellenwagenmission vor 50 Jahren.

Durch die Vertreibung von 15 Millionen Ostdeutschen aus ihrer angestammten Heimat in Ostmitteleuropa und ihre Aufnahme in Restdeutschland hat sich nach 1945 die konfessionelle Struktur Deutschlands verändert wie dies seit der Reformation nicht mehr geschehen war. Viele der über acht Millionen Katholiken unter diesen Vertriebenen kamen in rein evangelische Gebiete und lebten nun in einer bis dahin nicht gekannten Diasporasituation. Die viertausend vertriebenen Priester betreuten die Gläubigen zunächst in Lagern und Notunterkünften. Sie zogen als Rucksackpriester von Dorf zu Dorf und feierten Gottesdienste in Baracken, in evangelischen Kirchen und Schulräumen. Zwar entstanden bald katholische Behelfskirchen und Kirchenneubauten, aber in vielen Diasporagebieten gab es kein Gotteshaus. Deshalb setzte die von Pater Werenfried van Straaten ins Leben gerufene Ostpriesterhilfe die Kapellenwagen als „fahrende Kirchen“ ein. Busse und Lastwagen wurden umgebaut und brachten als Kapellenwagen die Kirche für einige Tage zu den Menschen.

Vor 50 Jahren, im Sommer 1953 waren 15 solcher Kapellenwagen in 12 westdeutschen Diözesen unterwegs. 136 Missionare waren dabei im Einsatz, davon 64 aus Deutschland, die übrigen kamen aus dem Ausland. Die einzelnen Kapellenwagen waren meist von belgischen Diözesen gestiftet und wurden von diesen unterhalten. Sie trugen Namen von Heiligen wie Madonna-Wagen, St. Bonifatius-Wagen, Cyrener-Wagen usw. Sie betreuten Zehntausende von Menschen, wie die Statistik für 1953 beweist. In manchen Diözesen mit großer Diaspora wie Mainz, Fulda, Hildesheim, Osnabrück oder Rottenburg waren zwei Wagen unterwegs. Aus den Berichten der Kapellenmissionare erfahren wir, wie selbst in Minigemeinden die wenigen Katholiken aus 15 bis 20 verschiedenen Diözesen des Ostens kamen. Das erschwerte das gemeinsame Beten und Singen, da es noch kein einheitliches „Gotteslob“ gab. Die Statistiken teilen uns mit, dass damals noch viel gebeichtet wurde und dass große Opfer gebracht wurden, um die Sakramente zu empfangen. Erschreckend groß war die Zahl der ungültigen Ehen. In Hunderten von Predigten und Gesprächen mit den Priestern wurde versucht, diese Ehen zu sanieren. Der Berichterstatter jenes Jahres 1953 in „Mitteilungen für die vertriebenen Priester aus dem Osten“ war Pater Josef Barton, ein Priester der Olmützer Erzdiözese, der mit den Missionaren im Herbst die Ergebnisse besprach, ihre Wünsche und Verbesserungsvorschläge prüfte und an notwendige Nachmissionen dachte. Er gehört zu den großen Heimatpriestern, die wir nicht vergessen sollten. Sie nahmen das Wort des Propheten Isaias ernst, der im Babylonischen Exil mahnte: „Tröstet, tröstet mein Volk.“ Einen Weg dazu sah Josef Barton mit P. Werenfried in der Kapellenwagenmission.

Zwei wichtige Tatsachen kann man für diese Fahrten und Missionen der Kapellenwagen, die bis 1969 durchgeführt wurden, festhalten:

1. Durch die Kapellenwagen haben Hunderte von Orten in der Diaspora eine Volksmission erhalten, die sonst unmöglich gewesen wäre.

2. Die Kapellenwagen haben wesentlich dazu beigetragen, dass die katholische Kirche in den entlegensten Teilen der deutschen Diaspora sehr repräsentativ in Erscheinung trat.

Wer die Situation der Diaspora kennt, weiß, wie wichtig das war. Die Jahrhunderte nach der Reformation hatten Vorteile gegen alles Katholische aufkommen lassen, die das Leben der Katholiken in der Zerstreuung überaus erschwerten. Die Missionare haben sehr oft erfahren, wie Andersgläubige staunten, dass um der kleinen

Schar wegen so viel Geld und Mühe aufgewandt wurde. Durch die Kapellenwagen wurde das hl. Opfer oft zum ersten mal nach der Reformation wieder gefeiert und stieg katholisches Singen und Beten wieder zum Himmel empor.

Gewiss hatte die damalige Kapellenmission nicht ihre letzte Vervollkommnung gefunden. Vor allem musste ständig daran gedacht werden, die Zusammenarbeit von ordentlicher und außerordentlicher Seelsorge zu intensivieren. Wie jede Mission, so konnte auch die Kapellenwagenmission nicht auf gediegene Vorbereitung und Nacharbeit verzichten. Beides war sogar noch wichtiger als sonst, weil viele zentrifugale Kräfte in der Diaspora gefährlicher waren als in geschlossenen katholischen Ortschaften.

Einige Zahlen des Jahres 1953 aus der Diaspora mögen für sich sprechen: Im Bistum Mainz erreichte der Magnificat-Wagen und der Veronica-Wagen 7.717 bzw. 6.650 Menschen, von denen 3.205 bzw. 2.378 in dieser Zeit beichteten und für die insgesamt 875 Predigten gehalten wurden. In 784 Fällen mussten die Missionare sich mit ungültigen Ehen befassen. 162 gültige Mischehen wurden geschlossen.
Die Zahl der beim Gottesdienst und beim Sakramentenempfang physisch Verhinderten war sehr groß. Nicht alle Gläubigen konnten zum Gottesdienst kommen. Schloss die Mission

während der Woche, dann war es für die Männer sehr schwer, die hl. Sakramente zu empfangen. Sie hatten weite Fahrten zur Arbeitsstätte und kamen abends mit den letzten Zügen zuhause an. Häufig blieben sie auch die Woche oder den Monat über fort. Die Zahl der Gutwilligen unter ihnen war auch oft größer als die Zahl derer, die beichteten.

Sehr erwähnenswert ist aber, dass von den Gläubigen oft große Opfer gebracht wurden, um die Teilnahme an der Kapellenwagenmission, an Gottesdiensten und Vorträgen zu ermöglichen. Aber die damalige Ungeborgenheit des Lebens und materielle Notlage vieler war oft ein schwer zu überwindendes Hindernis für die Teilnahme.

In seinem in vielen Sprachen übersetzten und oft neu aufgelegten Buch „Sie nennen mich Speckpater“ hat P. Werenfried van Straaten den Kapellenwagen ein Denkmal gesetzt.

Werenfried van Straaten (†)

Vom Rucksack zum Kapellenwagen.

Viel hat uns geholfen, dass wir unsere Unterstützung Priestern oder durch ihre Hände den heimgesuchten Glaubensbrüdern zukommen ließen.
Tausende von Briefen von Rucksackpriestern, die von hunderttausend Schulkindern und wenigstens einer halben Million Erwachsener gelesen wurden, gaben die Gewähr, dass ganz Flandern ihre bittere Not dauernd vor Augen hatte. Hier folgen einige Fragmente solcher Priesterbriefe aus jener dunklen Zeit:
„Bei einer evangelischen Familie bewohne ich zwei Mansardenzimmerchen von drei mal vier Metern. Das erste ist Küche, Sprechzimmer, Arbeitszimmer und Schlafzimmer zugleich. Im zweiten lese ich in der Woche die hl. Messe auf einem Bücherbrett. Ungefähr sechs Personen können dieser Messe beiwohnen. Wenn sie dicht beieinander stehen, gehen auch zehn hinein. Sonntags zelebriere ich in der evangelischen Kirche. Aber in der Woche gestattet das der Pastor nicht…"
„Über fünfunddreißig evangelische Dörfer und Flecken zerstreut wohnen hier eintausend-siebenhundert heimatvertriebene Katholiken,

deren Pfarrer ich seit zwei Jahren bin. Die Seelsorge ist hart, oft voll bitterer Enttäuschung, aber auch voll ergreifender Priesterfreude.

In sieben Schulen gebe ich hundertfünfzig katholischen Kindern Religionsunterricht. An drei zentral gelegenen Ortschaften zelebriere ich regelmäßig die hl. Messe und unterrichte dort auch die Jugend.

Ich wohne bei einem evangelischen Bauer auf dem Dachboden, der zugleich als Kirche und Pfarrheim dient. Auf meinem Bett, drei Stühlen, einem Bänkchen, ein paar Kisten und Brettern kann ich vierunddreißig bis vierzig Kindern für den Katechismusunterricht Platz geben. An Wochentagen zelebriere ich hier. Im Anfang hielt ich auch abends Gesangprobe, denn wenn unsere Leute nicht singen können, leben sie nicht. Aber der Bauer hat's verboten.

Jede Woche lege ich zweihundertfünfzig Kilometer per Fahrrad zurück, oft in Regen und Schneeböen, auf Straßen oder Pfaden, die im Winter mit Eis oder Schneematsch, im Frühjahr mit Schlamm, im Sommer mit lockerem Sand bedeckt sind. Seit Weihnachten habe ich zweiunddreißig Pfund abgenommen. Na ja, wenn man Neunundfünfzig ist, darf man schon ein wenig abmagern."

„Uns umherstreifenden Seelsorgern fehlt eigentlich alles. Von den Ampullen für Wasser und Wein bis zum Ziborium, von der brauchbaren Fahrradpumpe bis zu einem sauberen Hemd, vom Schreibpapier bis zum Auto, das uns so gut zustatten käme. Und vor allem haben wir einen schmerzlichen Mangel an Möglichkeiten, unseren tief getroffenen Gläubigen auf materiellem Gebiet zu helfen. Ich will aber nicht klagen. Dem Mitbruder, der mein Nachbar ist, geht's noch viel schlechter. Er hat noch nicht einmal ein Rad und muss jede Woche wenigstens sechzig Kilometer marschieren. Dabei ist er schon dreiundsechzig Jahre alt und leidet an einer alten Beinverletzung aus dem Ersten Weltkrieg. Trotz allem halten wir durch.

Im furchtbaren Elend, das über unserem armen Volk liegt, ist der Priester für die meisten das einzige Stück des alten Vaterlandes, das ihnen noch geblieben ist. Gott helfe mir, noch auszuhalten, und Er schicke uns bald Hilfe…"

„Nur einen eigenen geweihten Platz möchten wir haben, wo jeder, der es nicht mehr aushält, dem Heiland im Tabernakel seine Sorgen klagen kann. Doch auch dieser Trost ist uns nicht vergönnt. Ein Dachzimmer von neun Quadratmetern, wo ich meine Sachen untergebracht habe, wo ich wohne und schlafe, das Sprechzimmer und Pfarrhaus ist, dieses Zimmerchen ist zur gleichen Zeit die Kapelle, in der ich an einem selbst gezimmerten Tisch die hl. Messe feiere."

„Die Arbeit ist hier schwer, und jeder von uns ist bettelarm. Aber diese Armut hat uns frei gemacht, um uns völlig der Seelsorge unserer Leute zu geben. Wir wissen zwar, dass eine einzige hl. Messe die ganzen Reichtümer der Welt aufwiegt, aber dennoch weint unser Herz, weil wir zu arm sind, um irdisches Brot zu erreichen, wenn hungernde Kinder darum bitten. Ein Glück, dass die Ostpriesterhilfe uns dann und wann etwas zum Verteilen besorgt."

Ohne derartige Briefe wäre es uns wahrscheinlich niemals gelungen, die Verleumdungen und den unglaublichen Widerstand gegen unser Werk zu überwinden. Gott sei Dank was das schlichte Volk noch christlich genug, um während der antideutschen Furie der ersten Nachkriegsjahre wenigstens die Ehrfurcht vor dem Priestertum zu bewahren, erst recht für ein solches Priestertum! Denn die Generation der Rucksackpriester, die jetzt leider den zweifelhaften Segnungen des Wirtschaftswunders fast ganz erlegen ist, war in der Tat ein mächtiges Phänomen im verwüsteten Deutschland.

Ich habe sie besucht, diese verwegenen Männer, die auf Motorrädern oder in prähistorischen Autos, auf brüchigen Fahrrädern oder zu Fuß durch ihre endlosen Bezirke zogen. Die meisten heimatvertriebenen Katholiken waren in Gebiete

ohne katholische Kirchen oder Seelsorge umgesiedelt worden.
Dort fand ich Flüchtlingspriester, die in achtzig, neunzig oder mehr Ortschaften das geistliche Brot brechen mussten. Schäbige, bettelarme Pfarrer. Sie bewahrten das Allerheiligste auf ihren Mansardenzimmern in einer Zigarrenkiste oder in der Schublade auf. Von einem alten Wanderpokal machten sie ein Ziborium. Sie konnten nicht jedes Mal davor niederknien, wenn sie bei jedem zweiten Schritt am „Tabernakel" vorbeimussten. Sie lasen die hl. Messe in Schulklassen, Tanzsälen und Wirtschaften; denn nicht an allen Orten konnte ihnen die evangelische Gemeinde eine Kirche zur Verfügung stellen. Vier oder fünf Messen an einem Sonntag waren keine Seltenheit. Sie arbeiteten bis zum völligen Zusammenbruch.
Es war nicht schwer, Mitleid und Liebe für diese Priester zu wecken.
In jenen Tagen predigte ich auch in Deutschland. Nicht um zu betteln, sondern um zu ermutigen und zu trösten. Meist in zerfallenen evangelischen Kirchen, suchend nach dem richtigen Wort, tastend nach der Seele und dem Herz dieser Unglücklichen. Es war die Botschaft der Liebe von Jenseits der Grenze.
Oft kamen die Vertriebenen zwanzig Kilometer weit zu Fuß.

Rucksackpriester beim Besuch eines der vielen Diasporadörfer, die er vorher zu Fuß oder mit dem Fahrrad betreute.

Stundenlang warteten sie geduldig, träge ihre vielen Rosenkränze betend, bis ich da war, mit einem Fünkchen Licht in der Nacht ihres Glaubens. Während meiner tapsigen Ansprache weinten sie vor Ergriffenheit. Auch der Pfarrer hatte Tränen in den Augen. Da wusste ich auf einmal, dass ausländische Priester als Botschafter der Weltkirche hier eine große Aufgabe erfüllen konnten. Und in fünfunddreißig holländischen

Zeitungen schrieb ich über die Seelsorgsnot in der deutschen Diaspora:
„Wirtshaussäle sind auch nicht gerade würdige Orte. Die Baracken und Scheunen sind baufällig, aber Gott erachtet es nicht unter seiner Würde, mit den Geringsten der Seinen dieses Hundeleben zu teilen. Er besucht Seine Herde im dürftigen Gewand der Rucksackpriester und unter der Gestalt der hl. Eucharistie. Aber Er will diese Herde auch besuchen in Helfern und Samaritern, die seine Gestalt sichtbar machen für die Ärmsten der Armen und seine Barmherzigkeit auch dem letzten Deutschen erweisen. Und hier beginnt unsere Aufgabe. Wir sind es, die wohltuend durch dieses grausame Elend ziehen müssen. Mit Kolonnen der Hilfe müssen wir ostwärts gehen. Lastwagen müssen wir mit Priestern bemannen und zum Brechen voll mit Liebesgaben beladen. Auf diese Weise uns den umstreifenden Rucksackpriestern in der deutschen Diaspora zur Verfügung stellen. Mit ihnen durch ihre unermesslich weiten Bezirke von Dorf zu Dorf fahren. Die hl. Messe zelebrieren, predigen — ein ermutigender Brudergruß von jenseits der Grenze — und mit vollen Händen verteilen, was die Liebe des christlichen Westens uns mitgab. Um Christus sichtbar erstehen zu lassen in dieser schwarzen Not. Um das mütterliche Mitleid der Weltkirche spürbar zu machen für jene, die schon

fünf Jahre und länger in der Nacht der Verzweiflung versunken liegen...". Dieser Zeitungsartikel, erschienen 1949, enthielt die Grundgedanken unserer Kapellenwagenmission. Fünf Monate später donnerten die ersten holländischen Kapellenwagen, die von Kardinal de Jong von Utrecht geweiht worden waren, durch die deutschen Länder. Die holländische Eisenbahngesellschaft lieferte insgesamt zwanzig Crossly-Sattelschlepper.
Das Bistum Gent brachte die Mittel für fünfzehn Opel-Blitz-Kapellenwagen auf. Hunderte von Priestern aus sieben verschiedenen Völkern und vielerlei Ordensgemeinschaften sind seitdem Jahr um Jahr mit diesen fahrenden Kirchen unterwegs gewesen, ermutigend, predigend, taufend, Sünden lossprechend und neben dem Brot der Eucharistie auch eine fühlbare Liebesgabe austeilend an die vier Millionen verlassener Glaubensbrüder in kirchenlosen Gebieten, die durch diese Aktion erreicht wurden.
Rund um diese Kapellenwagen wehte der Geist der Weltkirche. Sie waren wie die Epiphanie eines großen, energischen und strahlenden Christentums, das die Protestanten sprachlos machte und das Herz des meist vereinsamten Katholiken vor wieder gewonnenem christlichen Stolz schneller schlagen ließ.

Die Kapellenwagenmission war eigentlich seit der Reformation die erste große Manifestation der Katholischen Kirche in evangelischen Gebieten, in denen sie seit Jahrhunderten kein Gesicht, keinen Namen und kein Ansehen mehr hatte. Durch diese Begegnung, die wenige Jahre später von Tausenden von Baugesellen wiederholt wurde, sind zahllose Vorurteile hinweggeräumt worden, und es wurde eine der Voraussetzungen erfüllt, ohne die die Una Sancta niemals Wirklichkeit werden kann.
Die Kapellenwagenmission bedeutete auch einen Sieg der Katholizität über den geistigen Provinzialismus, die vielfach noch immer nicht völlig ausgerottet ist. Im vergangenen Jahrhundert haben die schlafenden Christen es geschehen lassen, dass das von ihnen verratene Patrimonium – die Soziallehre der Kirche –, von anderen aufgelesen und mit Gift vermischt, dem zertretenen Volk zu essen gegeben wurde. Als man sich darauf besann – „Rerum Novarum" kam mehr als 40 Jahre nach dem kommunistischen Manifest! –, war es zu spät. Jetzt ging es um einen anderen Wesenszug der Kirche, um ihre Katholizität, die in zwei Weltkriegen praktisch verleugnet und vergessen wurde. Der Schrei nach einer größeren Gemeinschaft, die über die Zerrissenheit von Staaten und Nationen hinausragt, wurde von

Freimaurern und Sozialisten verstanden. Die Gefahr war nicht imaginär, dass wir den deutlichsten päpstlichen Dokumenten zum Trotz unsere Katholizität wieder vergessen, indem wir uns auf unser Völkchen, unser Ländchen, unser Bistümchen und unser Klösterchen totstarren, und die Zeichen der Vorsehung wieder nicht verstehen würden! Ohne Zweifel hat unsere Kapellenwagenmission die Katholizität der Kirche manifestiert und den Beweis geliefert, dass wir das haben, wonach sich die ganze Welt sehnt.

Man muss es erlebt haben, wie diese Kapellenwagen Jahr um Jahr von ihrer wilden Reise zurückkamen. Während die Motoren noch heiß waren und die Fahrer ihre Mammutkolosse für die Schlussparade aufputzten, sammelte sich die bunte Gesellschaft der Missionare im Konferenzsaal zu Königstein, um Eindrücke auszutauschen und einen Rückblick auf die sechsmonatige Apostolatstour zu werfen.

Dröhnend sind die Wagen vor einem halben Jahr über die Autobahnen und Bundesstraßen und über die jämmerlichen Schlängelwege der tiefsten Diaspora zu den Dörfern gefahren, wo eine verlassene Christenheit auf sie wartete. Ihre glorreichen Namen stehen mit goldenen Buchstaben auf den breiten Flanken geschrieben: Herz-Jesus-Wagen, Madonna-Wagen, Bonifatius-

Wagen, Cyrener-Wagen, Hirten-Wagen, Samariter-Wagen, Veronika-Wagen, Passions-Wagen, und der vielen anderen, die den heiligen Aposteln und Glaubensverkündern geweiht sind. Welch ein gewaltiger Eindruck macht vor allem in den ersten Jahren die Sendungsfeier, die Musik der ratternden Motoren, das festliche Glockengeläut aus allen Lautsprechern, das donnernde „Gott, wir loben Dich“ aus tausend Kehlen, als diese Kolonne Gottes jubelnd zu den Feldern der geistlichen Eroberung ausrückte! Durch den Staub und Schlamm, durch Hitze und Regen und Wind sind sie aufgebrochen zur Front der Weltkirche, wohin die Bischöfe vieler Diözesen sie zu Hilfe gerufen hatten. Zwei Missionare und ein Küster-Chauffeur bemannen jede fahrende Kirche. Wenn möglich, wird jeder Wagen einer Ordensprovinz anvertraut, die für regelmäßige Ablösung der Missionare sorgt.
Vor mir liegt ein begeisterter Bericht aus dem Jahre 1953: „136 Kapellenwagenmissionare haben dieses Jahr in Wind und Wetter die Botschaft von Gottes Trost und Barmherzigkeit zu mehr als tausend Dörfern gebracht, in denen etwa 110.000 Katholiken von ihnen persönlich besucht worden sind. Mit Angst im Herzen stellen sie fest, dass die vielen Jahre ohne Kirche und Priester nicht spurlos an diesen Unglücklichen vorbeigegangen sind. Mehr als

achttausend Mischehen haben sie gefunden, von denen fünftausend kirchlich ungültig waren. Aber mit Verbissenheit haben sie für Gottes Erbteil in diesen bedrohten Gebieten gekämpft. In beinahe siebentausend Predigten haben sie beschwörend vor diesem Volk gestanden, und beinahe 70% jener, die nicht verhindert waren, haben sie im Beichtstuhl und auf der hölzernen Stufe des Altares die Gnade der Sakramente vermitteln können. Mit vollen Händen haben sie fast 250 Tonnen Liebesgaben verteilt, und sie haben bei diesen Armen erreicht, dass sie 35.000 Mark für die Ausbildung neuer Flüchtlingspriester opferten…“

Bis in die sechziger Jahre hinein ist die Kapellenwagenmission, die von den holländischen Katholiken finanziert wurde, eine Glorie der Ostpriesterhilfe geblieben. Auch wo die materielle Not in Deutschland inzwischen überwunden war, blieb die geistliche Not in Gegenden, in denen heimatvertriebene Katholiken immer mehr zu den Industriegebieten abwanderten und einen Rest zurückließen, der langsam ausstirbt, größer denn je. Für diesen Rest werden keine katholischen Kirchen mehr gebaut. Gottes Zigeuner, die unsere Kapellenwagen bemannten, waren oft die einzigen, die sich um sie kümmerten.

Offizial Dr. Peter Hilger

Zur Verabschiedung von Geistlichem Rat Tille 1993 aus dem Offizialat Mainz.

Hochwürdigster Herr Bischof,
verehrter Herr Geistlicher Rat Tille,
Herr Generalvikar, Herr Domkapitular,
meine sehr verehrten Damen und Herren!

1. Vor 92 Jahren, am 15. Dezember 1901 wurden Sie in Niemes in der Diözese Leitmeritz geboren. Es war der Sonntag »Gaudete«, an dem Sie das Licht der Welt erblickten. »Freuet Euch«, werden die Eltern damals sicher auch bei der Ankunft ihres ersten Kindes gesagt haben. Dieses Thema des Sonntags »Gaudete«, die Freude, hat Sie, so meine ich, in ihrem Leben begleitet. Wer Sie näher kennt und erleben darf, der spürt, dass die Freude an Gott so etwas wie ein Lebenselixier für Sie ist.

2. 92 Jahre sind nun seit jenem Adventssonntag des Jahres 1991 vergangen. Welches begnadete Alter Sie — vorerst — erreicht haben, wird z.B. daran deutlich, dass Sie noch unter

dem Pontifikat Papst Leo XIII. geboren und getauft wurden. Mit meinem Geburts- und Taufdatum z.B. bringe ich es gerade einmal auf das Pontifikat Pius' XII. Geburts- und Taufdatum unseres jüngsten Mitarbeiters fallen sogar schon in die Zeit Johannes XXIII., reichen fast schon in die Gegenwart.

3. Selbst wenn z.B. Pfr. Reinbott und ich unsere Lebensjahre zusammennähmen, reichten wir immer noch nicht an ihr Lebensalter heran, ganz zu schweigen von Ihrer Lebensweisheit und Berufserfahrung. Da können wir noch mehr zusammenlegen: was kirchliche Personenstandsfragen angeht, wird Sie so schnell niemand erreichen.

Man muss das mit eigenen Augen gesehen haben, wie sie im großen Kirchenatlas eine kleine Diözese hinter den Rocky Mountains in den USA suchen, wie Sie bisweilen unter zu Hilfenahme des Baedekers auch kleinste Orte ausfindig machen, um Bescheinigungen über Taufen und Eheschließungen an die richtige Adresse zu schicken.

Nur Sie bekommen mit absoluter Sicherheit heraus, ob eine kleine Südseeinsel, auf die z.B. ein rheinhessisches Ehepaar zwecks Eheschließung zu überweisen ist, nun einen eigenen Ordinarius hat oder — noch immer — der Kongregation für die Evangelisierung der Völker untersteht.

4. Seit dem 1. Dezember 1960 wirken Sie nun in Offizialat und Ehereferat. Sie wirkten als »Ehebandverteidiger«, seit 1957 als »Synodalrichter«, außerdem von Anfang und mit der Zeit immer stärker als »Sachbearbeiter kirchlicher Personenstandsangelegenheiten«.
Bei einer kleinen Unterweisung, die Sie kürzlich Herrn Pfr. Reinbott und mir haben angedeihen lassen, zeigten Sie uns z.B. Todeserklärungen von Soldaten, die in Stalingrad ihr Leben gelassen haben, wir haben Akten bestaunt, die aus Presspappe der Nachkriegszeit hergestellt sind. Blätter wurden sorgsam und raumsparend zweiseitig beschrieben, weil Papier damals so kostbar war. Irgendwo meine ich sogar Briefmarken gesehen zu haben, auf denen Bundespräsident Heuss den Betrachter anlächelt.
5. Herr Geistlicher Rat, wenn ich als jüngerer auf Sie und Ihre Arbeit schaue, dann beeindruckt mich zuerst die von innen kommende Freude, mit der Sie Ihre Arbeit bis heute tun. Hier schimmert der Sonntag »Gaudete«, ihr Geburtstag auch im Alltag immer ein wenig durch.
Das zweite, was mich beeindruckt, ist ihre von Herzen kommende Freundlichkeit, die sich von nichts und niemandem vertreiben lässt.
Was mich dann beeindruckt ist die große Disziplin, mit der sie ihrer Arbeit nachgehen. Kirchliche Personenstandfeststellungen sind al-

les andere als eine Nebensächlichkeit. Taufen und Trauungen dürfen nicht spiritualisiert im luftleeren Raum hängen. Sie müssen auch durch die entsprechenden Einträge in die pfarrlichen Bücher und kurialen Register dokumentierbar und nachweisbar sein.
Das ist ein Dienst für den Menschen und unerlässlich für die Würde und Einzigartigkeit kirchlicher Sakramentenspendung. Mir imponiert, dass Sie in Ihrer Person auch eine heute vielfach verloren gegangene kirchliche Kanzleikultur bewahrt haben. Mühe und Sorgfalt auch in den kleinsten Dingen sind und bleiben für uns unaufgebbar.
6. In diesem Dienst bleiben Sie den Jüngeren – das sind hier alle – und den ganz jungen – das sind hier auch eine ganze Reihe – ein Vorbild. Wir werden noch oft Ihre kompetente Hilfe brauchen, wenn wir nicht weiterwissen. Wir dürfen dann auch – in Ihrem Ruhestand – bei Ihnen vorbeikommen und Sie um Rat fragen. Dafür danke ich Ihnen schon jetzt.
Als Zeichen unserer Glückwünsche und unserer Dankbarkeit darf ich Ihnen diesen Strauß überreichen. Ich denke, er wird nicht nur bis zu Ihrem offiziellen Dienstende, sondern auch darüber hinaus frisch bleiben.

Ich danke Ihnen.

Ansprache des Bischofs von Mainz Kardinal Karl Lehmann am 6. Juli 2004 beim 80-jährigen Priesterjubiläum von Geistlichem Rat Alois Tille.

Verehrter Herr Jubilar,
lieber Mitbruder Alois Tille!
Meine sehr verehrten, lieben Schwestern und Brüder im Herrn!

Es ist äußerst selten, 80 Jahre feiern zu dürfen, und zwar als Priester: bis in das Jahr 1924 müssen wir zurückgehen. Es ist schon ein großes Geschenk, wenn jemand 80 Jahre leben darf — aber zurückschauen in das Jahr 1924 des priesterlichen Lebens, das ist schon eine ganz ungewöhnliche und seltene Gabe.

Im letzten Jahr ist in unserem Nachbarerzbistum Freiburg ebenfalls ein Mitbruder mit 105 Lebensjahren in der Lage gewesen, dass er 80 Jahre seines Priestertums feiern durfte.

Aber wir wissen, wie selten dies ist. Beim Zählen der Jubiläen: silbern, golden, eisern, dia-

manten geht es uns sozusagen auch die Reihe der edlen Metalle und Steine aus, wenn wir sagen, was für ein Jubiläum das Achtzigste ist.
Wir danken Ihnen an diesem Tag. Wenn wir allgemein auf Ihr Leben zurückblicken, auf all das, was Menschen im vergangenen 20. Jahrhundert zugemutet worden ist, vor allen Dingen: Verlust der Heimat, Gefahren von Krieg und all dem, was zum Krieg gehört, dann müssen wir Ihnen danken, denn alles was Sie erlebten, konnte Sie letzten Endes nicht von der Hoffnung wegbringen, von dem, was Sie vor 80 Jahren erfahren haben.
Wir haben in besonders eindrücklicher Weise aus der Lesung gehört, dem zweiten Korintherbrief des hl. Paulus: *„...aus der Finsternis soll Licht aufleuchten, Er ist in unseren Herzen aufgeleuchtet...“* und das war bei Ihnen, verehrter, lieber Geistlicher Rat, immer zu spüren, schon damals wie heute.
Der Herr ist in Ihrem Herzen aufgeleuchtet und Sie haben immer wieder diesen Glanz des Glaubens, der Hoffnung und der Liebe anderen Menschen mitgeteilt. Sie haben in sanfter, unaufdringlicher Weise ein großes Beispiel dieser Erleuchtung gegeben und für diese beispiellose Treue acht Jahrzehnte hindurch, sagen wir Ihnen ganz herzlichen Dank!

Sie haben an drei wichtigen Punkten sozusagen auch ihr Priestertum verankert:

- Zu Hause, im Sudetenland, da haben Sie begonnen, da haben Sie die ersten Jahrzehnte erfahren.
- Unterwegs, denn schließlich haben Sie bei uns eine Heimat gefunden, auch wenn Sie Ihrer sudetendeutschen Heimat immer verbunden blieben.
- Aber Sie waren immer als Priester auch verankert mit der Weltkirche. Sie wussten auch, wenn ich die unmittelbare Heimat verlasse und keine neue finde, ich bin als katholischer Christ überall zu Hause.

Darum ist es gut, dass wir dies heute gleich in die Mitte unseres Glückwunsches stellen: die dreifache Verwurzelung mit der Heimat!
Deswegen darf ich zuerst einen Brief vorlesen, der uns der Apostolische Nuntius geschickt hat:

Apostolische Nuntiatur
in Deutschland

Papst Johannes Paul II
übermittelt in freudiger Anteilnahme
dem Hochwürdigen Herrn
Geistlichen Rat Alois Tille

zur Feier seines 80-jährigen Priesterjubiläums beste persönliche Glück- und Segenswünsche.

In der Verbundenheit der eucharistischen Danksagung vor Gott, dem Geber alles Guten, für die vergangenen Jahrzehnte hingebungsvollen Dienstes und treuer Nachfolge des Herrn erbittet Seine Heiligkeit dem Jubilar Gesundheit, den Frieden des Herzens und die Freude des Glaubens.
Dazu erteilt der Heilige Vater ihm seinen besonderen Apostolischen Segen, in den er gern auch die Mitbrüder und Angehörigen des Jubilars sowie die an der Feier teilnehmenden Gläubigen mit einschließt.

Mit den besten Wünschen auch meinerseits
gegeben zu Berlin.
Am Sitz der Apostolischen Nuntiatur,
den 5. Juli 2004

† Dr. Erwin Josef Ender
Titularbischof von Germania in Numidien
Apostolischer Nuntius

Zu meiner eigenen Überraschung haben wir einen Brief aus Ihrer ursprünglichen Heimat erhalten, von Kardinal Miloslav Vlk aus Prag.

Prag, den 24. Juni 2004

Hochwürdiger Herr Geistlicher Rat,
lieber Doktor Alois Tille,
es ist für mich eine außerordentliche Freude Ihnen meinen herzlichen Glückwunsch zu Ihrem ehrwürdigen 80. Priesterjubiläum auszudrücken. In der ersten Reihe danke ich unserem Herrn, der die Liebe ist, für das Geschenk Ihres wertvollen Lebens und für die achtzig Jahre Ihres Priestertums. Ich danke unserer lieben Frau, der Muttergottes Maria, für Ihre mütterliche Liebe, Sorge und Schutz in Ihrem Leben.
Sie sind ein wahrer Nachfolger Jesu Christi, der imstande war die schmerzhaften Umstände seines Lebens zu überwinden, und das Böse in Gutes zu verwandeln. Ein Zeichen davon ist, dass Sie das älteste Mitglied der Ackermann-Gemeinde sind, die ungeheuer viel Gutes auf diesem Gebiet geleistet hat.
Nehmen Sie, bitte, meinen herzlichen Dank und Anerkennung für Ihr vorbildliches Priesterleben an.
Es freut mich sehr, dass Sie an die Prager Erzdiözese nicht vergessen haben und für sie und ihre Priester beten.
Auch wir begleiten Sie mit unserem Gebet, und an Ihrem Jubiläumstag wird auch bei uns eine

heilige Messe als Danksagung und als Bitte für die Fülle des Gottessegens für Sie aufgeopfert. Ich begleite Sie mit meinem Gebet und erteile Ihnen meinen Segen mit der Bitte im Gebet weiter in Verbindung zu bleiben.

† Kardinal Miloslav Vlk
Erzbischof von Prag

Da brauchen wir nur noch dies alles bekräftigen und unseren Dank und Bitte hinzufügen: wir sind froh, dass wir Sie in den letzten Jahrzehnten unter uns wissen durften, als Priester, als besonderer Zeuge Christi, durch die besondere Art Ihres Lebens, durch Ihr Gebet, durch Ihre Mitarbeit in der Seelsorge. Ganz besonders aber im Offizialat gab es viel zu danken. Wir freuen uns, dass wir dies immer wieder sagen durften in den vergangenen Jahren bei verschiedenen Jubiläen.
Ich möchte auch an dieser Stelle allen herzlich danken, die unseren Jubilar in den letzten Jahren und Jahrzehnten begleiten.
Ich denke an die verstorbene Schwester von Geistlichen Rat Tille, ich denke ganz besonders aber an die Schwestern und Pflegerinnen im Bruder-Konrad-Stift heute, die ihm diesen Lebensabend durch eine so gute, menschliche und spirituelle Begleitung ermöglichen, allen, die sich dafür sorgen und ihm nahe sind, ein ganz herzliches „Vergelt's Gott!"

FRANTIŠEK RADKOVSKÝ
BISKUP PLZEŇSKÝ

Hochw. Herrn Geistl. Rat
Pfarrer Alois Tille

Weintorstrasse 12
D-55116 Mainz

Plzeň, den 11. 4. 2002

Lieber Mitbruder im priesterlichen Dienst,

ich freue mich, dass ich mit Ihnen dem Gott für die Gabe Ihres Lebens danken kann. Sie waren bis 1946 Pfarrer in Ottenreut, diese Pfarrei dem Erzbistum Prag gehörte, heute zu der Diözese Pilsen. Als Bischof Pilsener Diözese grüße ich Sie herzlich und erbitte Ihnen reichen Gottes Segen. Möge der Herr allein, der Sie in seinen Dienst gerufen hat, Ihre Hoffnung und Freude sein!

In Christo

+ František Radkovský

Mons. František Radkovský
Bischof von Pilsen

BISKUPSTVÍ PLZEŇSKÉ, NÁM. REPUBLIKY 35, CZ – 301 14 PLZEŇ
tel. 00420/(0)19/7223112 fax: 00420/(0)19/7321917 e-mail: biskplz@biskplz.top.cz

Prag, den 29. April 2002

Hochwürdiger und lieber Herr Geistlicher Rat, Herr Pfarrer,

es ist für mich ausserordentliche Freude, wenn auch mit Verspätung, Ihnen zu Ihrem Hundertjährigen Geburtstag meinen herzlichen Dank auszudrücken.
Ich danke dem Herrn für Ihr opferwilliges Leben und auch für Ihre unerschütterte Treue Jesu dem Gekreuzigten, der sich aber als der Auferstandene erwiesen hat.
Ich wünsche Ihnen vom Herzen viel Gottessegen, empfehle Sie unter den liebevollen Schutz der Mutter Gottes Marie, begleite Sie mit meinem Gebet und erteile Ihnen meinen Segen.

† Miloslav kard. Vlk

Kardinal Miloslav Vlk
Erzbischof von Prag

R.D. Alois Tille
Weintorstrasse 12
D-55116 Mainz

Prag, den 24 Juni 2004

Hochwürdiger Herr Geistlicher Rat,
lieber Herr Doktor,

es ist für mich eine außerordentliche Freude Ihnen meinen herzlichen Glückwunsch zu Ihrem ehrwürdigen 80. Priesterjubiläum auszudrücken.

In der ersten Reihe danke ich unserem Herrn, der die Liebe ist, für das Geschenk Ihres wertvollen Lebens und für die achtzig Jahre Ihres Priestertums. Ich danke unserer lieben Frau, der Mutter Gottes Maria, für Ihre mütterliche Liebe, Sorge und Schutz in Ihrem Leben.

Sie sind ein wahrer Nachfolger Jesu Christi, der imstande war die schmerzhaften Umstände seines Lebens zu überwinden, und das böse in Gutes zu verwandeln. Ein Zeichen davon ist, dass Sie das älteste Mitglied der Ackermann Gemeinde sind, die ungeheuer viel Gutes auf diesem Gebiet geleistet hat.

Nehmen Sie, bitte, meinen herzlichen Dank und Anerkennung für Ihr vorbildliches Priesterleben an.
Es freut mich sehr, dass Sie an die Prager Erzdiözese nicht vergessen haben und für sie und für ihre Priester beten.

Auch wir begleiten Sie mit unserem Gebet, und an Ihrem Jubiläumstag wird auch bei uns eine heilige Messe als Danksagung und als Bitte für die Fülle des Gottessegens für Sie aufgeopfert.

Ich begleite Sie mit meinem Gebet und erteile Ihnen meinen Segen mit der Bitte im Gebet weiter in Verbindung zu bleieben.

Kardinal Miloslav Vlk
Erzbischof von Prag

APOSTOLISCHE NUNTIATUR
IN DEUTSCHLAND

Papst Johannes Paul II.

übermittelt in freudiger Anteilnahme

dem Hochwürdigen Herrn

Geistlichen Rat Alois Tille

zur Feier seines 80-jährigen Priesterjubiläums
beste persönliche Glück- und Segenswünsche.

In der Verbundenheit der eucharistischen Danksagung vor Gott, dem Geber alles Guten, für die vergangenen Jahrzehnte hingebungsvollen Dienstes und treuer Nachfolge des Herrn erbittet Seine Heiligkeit dem Jubilar Gesundheit, den Frieden des Herzens und die Freude des Glaubens.

Dazu erteilt der Heilige Vater ihm seinen besonderen Apostolischen Segen, in den er gern auch die Mitbrüder und Angehörigen des Jubilars sowie die an der Feier teilnehmenden Gläubigen mit einschließt.

Mit besten Wünschen auch meinerseits

Gegeben zu Berlin,
am Sitz der Apostolischen Nuntiatur,
den 5. Juli 2004

+ Erwin Josef Ender

Dr. Erwin Josef Ender
Titularerzbischof von Germania in Numidien
Apostolischer Nuntius

Anhang

Alois Tille

Die Aussiedlung der Pfarrgemeinde Ottenreuth im Jahre 1946.

Die Aussiedlung der Pfarrgemeinde Ottenreuth im Jahre 1946

Die Pfarre Ottenreuth, Erzdiözese Prag, Vikariat Plan, mit den zugehörigen Ortschaften Goldberg-Hüttenhäuser, Grün, Kießenreuth und Galtern zählte am 1.5.1945 597 ansässige Katholiken und 1 aus der Kirche Ausgetretenen (Lehrer). Die Pfarrgemeinde war eine deutsche mit einer ausgesprochen bäuerlichen Bevölkerung.

Im April 1945 näherte sich bereits die westliche Kampffront unserer Gegend. Bombenabwürfe in der Umgebung und eine fast ununterbrochene Tieffliegertätigkeit leiteten diese Periode ein. In der Ferne sah man den Rauch von brennenden Dörfern aufsteigen. Der Kanonendonner rückte näher. Schließlich feuerten gar Geschütze der deutschen Artillerie im Gebiete des Kapelberges. Schanzgelände. Brücken wurden gesprengt. Am 5. Mai besetzten die Amerikaner Plan, das sich denen ohne Widerstand ergab. Im Pfarrbezirke kam es weder zu Kämpfen noch zu Kriegsschäden. Der Krieg war vor unseren Grenzen zum Stillstand gekommen. Am Sonntag, den 6. Mai, kamen in der Mittagsstunde 3 bewaffnete amerikanische Autos nach Ottenreuth. Die Bevölkerung hatte sich neugierig auf dem Ortsplatze versammelt. Nicht einmal weiße Fahnen oder Tücher hatte man ausgesteckt! Die in der Schule und in einzelnen Häusern untergebrachten deutschen Soldaten ergaben

Die Pfarre Ottenreuth, Erzdiözese Prag, Vikariat Plan mit den zugehörigen Ortschaften Goldwag, Hüttenhäuser, Gröna, Kiesenreuth und Zaltau zählte am 1.5.1945 597 ansässige Katholiken und einen aus der Kirche Ausgetretenen (Lehrer). Die Pfarrgemeinde war rein deutsch mit einer ausgesprochen bäuerlichen Bevölkerung.

Im April 1945 näherte sich bereits die westliche Kampffront unserer Gegend. Bombenabwürfe in der Umgebung und eine fast ununterbrochene Tieffliegertätigkeit leiteten diese Periode ein. In der Ferne sah man den Rauch von brennenden Dörfern aufsteigen. Der Kanonendonner rückte näher. Schließlich feuerten gar Geschütze der deutschen Artillerie in Gebiete der Nachbarpfarrei Hohenzetlisch. Brücken wurden gesprengt. Am 5. Mai beschossen die Amerikaner Plan, das sich dann ohne Widerstand ergab. Im Pfarrbezirk kam es weder zu Kämpfen noch zu Kriegsschäden. Der Krieg war an unserer Grenze zum Stillstand gekommen. Am Sonntag, dem 6. Mai, kamen in der Mittagsstunde drei bewaffnete amerikanische Autos nach Ottenreuth. Die Bevölkerung hatte sich neugierig auf dem Marktplatz versammelt. Nicht einmal weiße Fahnen oder Tücher hatte man aufgesteckt!
Die in der Schule und in einzelnen Häusern untergebrachten deutschen Soldaten ergaben sich

ohne Widerstand. Die ihnen abgenommenen Gewehre zertrümmerten die Amerikaner zum Teil auf den Granitstufen des Eingangtors zur Schule. Schaulustig umstanden die Dorfkinder einen „Ami", der sich mit breit kauendem Mund auf einem Stein am Wegesrand niedergelassen hatte. „Away!" — seine Handbewegung im Halbkreis verdolmetschte ihnen unmissverständlich seine Aufforderung. 44 Gefangene marschierten ab, 29 Marode wurden auf Autos weggefahren.

Deo gratias! Der Krieg war beendet.
Die wenigsten aber ahnten, dass nun schlimmere Zeiten kommen sollten. Drei Tage lang war ab 18 Uhr Ausgangssperre. Ebenso lange blieb der elektrische Strom aus. Am 8.5. wurde am Rathause in Plan eine tschechische Fahne aufgesteckt. Ab 9.5. wurde die allnächtliche Verdunkelung aufgehoben. Die Einwohner durften sich jetzt in der Zeit von 5 — 21 Uhr frei bis 6 km im Umkreis des Ortes bewegen. Bis 23.5. rollten auf der Kreisstraße Eger - Pilsen (am Rande des Pfarrgebietes) schwere Panzer, Kriegsgerät und ungezählte Autos in ununterbrochener Folge in der Richtung nach Pilsen. Mancher hoffte, dass nun auch der von Osten her drohende Alpdruck beseitigt werden sollte. Noch fühlten wir uns „befreit".

Am 19.5. gingen die kriegsgefangenen Franzosen, die als landwirtschaftliche Arbeiter in den einzelnen Höfen waren, ab. Sie haben kein schlechtes Andenken hinterlassen. Am 25.5. erschien tschechische Ordnungspolizei und suchte nach ehemaligem, deutschem Heeresgut, hauptsächlich Kleidung und Schuhwerk, dass in den letzten Tagen des Krieges aus den Depots an die Zivilbevölkerung ausgegeben worden war. Hausdurchsuchungen nach Waffen und Munition wurden vorgenommen. Dabei sollen auch schon andere Sachen verschwunden sein. Am 28.5. durchsuchten 20 tschechische Gendarmen mit Hilfe der noch hier befindlichen Polen und Russen (Zivilarbeiter) die Häuser. Vielfach wurden Schmuck, Uhren und Schätze mitgenommen.

Die Bevölkerung, die in den „Amis" das ordnende Element nach dem Zusammenbruch sah und ihnen nicht im geringsten feindlich gegenüberstand, rief ihre Hilfe an.
Sie kam erst um vier Uhr nachmittags. Ihre Erklärung machte erst vielen die Schwere der wirklichen Lage bewusst: „Das Gebiet ist den Tschechen übergeben worden."

Die Lebensmittelkarten, die jetzt ausgegeben wurden, trugen über dem tschechischen Druck quer über das Blatt den Aufdruck „deutsch". Sie enthielten kein Fleisch, kein Zucker, keine Milch und nur wenig Brot. Am 14.6. sah man auf den Feldwegen viele Trecks ziehen. (Auf den Straßen fuhren noch ununterbrochen die Amerikaner.) Es waren aus den Ostgebieten geflüchtete Deutsche, die als erste in Bewegung kamen.

Ab 23. 6. mussten alle Deutschen laut tschechischer Anordnung am linken Oberarm eine gelbe Binde tragen. Ab 25.6. auf amerikanische Anordnung eine weiße. Den Flüchtlingen aus Schlesien, die im März 1945 hierher gekommen waren, wurden von den Tschechen die Pferde konfisziert.

Am 14.7. teilte der Rundfunk mit, Beneš wolle über 2 Millionen Sudetendeutsche aussiedeln und zwar gruppenweise innerhalb 1½ Jahres. Ernstlich wollten wenige daran glauben Am 19.7. gingen die Flüchtlinge aus der Bácska von hier ab. Am 26.7. mussten Fahrräder, Photoapparate, Angelgeräte, Radioempfänger, Schreibmaschinen der politischen Behörde gemeldet werden. Ebenso mussten die Gewerbetreibenden ihr Gewerbe mit Abschrift des Gewerbescheins, der letzten Inventur und des letzten Steuereinkommensbescheides der Finanzbehörde melden. Am 1.-10. 8. erfolgte der Umtausch der Reichsmarknoten gegen Protektoratskronen im Verhältnis 1:10. Zum 1.9. mussten alle landwirtschaftlichen Maschinen gemeldet werden. Das Zuchtvieh wurde aufgekauft. Nun gab es für Deutsche auch etwas Zucker, Hafer, Butter, aber noch kein Fleisch.

Am 8.9. mussten die Musikinstrumente abgeliefert werden, ebenso die Fahrräder.
Nur Gehbehinderten und solche, die sie zu Berufszwecken brauchten, wurden sie über Ansuchen noch einstweilen belassen.

Am 16.9. wurde die amerikanische Besatzung in Plan bis auf einen kleinen Rest abgezogen, der am 25.11. abging. Bei manchen Ausschreitungen der Tschechen gegenüber der deutschen Bevölkerung hatten die Militärgouverneure eingegriffen. Ihre Stellung zu den Deutschen war nicht gleich.

Am 18.9. kamen die ersten správci, tschechische Kommissare für die Bauernhöfe, nach Ottenreuth. Bis Ende des Jahres war im großen und ganzen die Neubesiedlung des Kirchspieles abgeschlossen. Die kleineren Anwesen wurden nicht besiedelt. So wurde die ganze Ortschaft Zaltau — mit Ausnahme des Hegerhauses — der Verödung preisgegeben.

Die Neuansiedler, die vorerst Treuhänder des tschechoslowakischen Staates waren — národní správci — waren unterschiedliche Leute. In der Regel besetzten sie die großen Stuben der Bauernhäuser. Die deutschen Besitzer mussten in die Nebenräume ziehen. In den kleineren Wirtschaften hauste man zusammen. Der Deutsche war zum Leibeigenen geworden, der als Fremder im eigenen Haus aus fremder Schüssel aß, zur Arbeit kommandiert und überwacht wurde. In dieser Zeit gab es viele Tränen. Manche mussten aus dem Haus heraus in eine andere Wohnung, wenn es nicht gehen wollte. Die národní správci nahmen oft Kleidung, Betten usw. an sich.

Manchmal vertrug man sich auch und es bildete sich mit der Zeit ein modus vivendi. Die Neuen kamen hauptsächlich aus der Gegend von Klattau.
Am 28. 10. wurde in Ottenreuth eine tschechische Gemeindeverwaltungskommission eingesetzt. Im November mussten die Radioempfänger abgeliefert werden. In diesem Monat gelangte auch das neue tschechische Geld in den Verkehr. Der Umtausch war für die Deutschen allerdings sehr eingeschränkt. Alles übrige Geld musste abgeliefert werden. Darauf erfolgte die Konskribierung aller Guthaben bei den Geldan-

stalten. Den Deutschen wurden die Einlagen gesperrt.

Am 20.11. gab es Hausdurchsuchungen, wobei deutsche Männer verprügelt wurden. Misshandlungen bei Verhören gab es auch später. Einem tschechischen Geheimpolizisten, der sich dabei auszeichnete, gab der Volksmund den Spitznamen „Watschenmann“ Am 17.12. wurden drei Männer aus Ottenreuth in das tschechische KZ in Plan abgeführt. Einer entkam später, die anderen beiden verblieben dort bis zur Aussiedlung im August 1946.

Am 21.12. wurde die ganze männliche deutsche Bevölkerung in Ottenreuth, soweit sie für ein Arbeitseinsatz in Frage kamen, aufgefordert, sich zum Abtransport auf Leiterwagen zu stellen. Bis zum Abend wurden aber in Plan alle wieder bis auf zwei Burschen zurückgeschickt. Am 1.1.1946 dirigierte auf eigenen Wunsch in der Pfarrkirche in Ottenreuth beim Hochamt ein tschechischer Major eine Pastoralmesse. Die Musiker, durchwegs Soldaten, hatten er mitgebracht, den Gesang und die Orgel besorgten wie immer die Deutschen.

Am 28.1.1946 wurde mit der Aussiedlung begonnen. Das Sammellager befand sich im

Schlosse zu Kuttenplan, später wurden dazu noch herangezogen das ehemalige RAD-Lager in Kuttenplan und das Redemptoristenkloster in St. Anna bei Plan, das schon früher von den Nazis zum Großteil beschlagnahmt worden war. Die ersten Aussiedler waren 6 Familien aus Kiesenreuth, welche nach Hessen (Lahnkreis) kamen.

Am 25.2. nahmen Gendarmerie, Geheime Staatspolizei und tschechische Kommunisten aus dem Ort im Pfarrhause eine gründliche Hausdurchsuchung vor, nach der die Beute kistenweise — Eigentum des Pfarrers und seiner Angehörigen — abgeschleppt wurde. Dabei verschwand auch die versilberte Taufgarnitur. Auf meine Beschwerde musste die Gemeinde eine neue auf ihre Kosten anschaffen. Am Abend verlangte ein Gendarm begleitet von tschechischen Zivilisten, Einlass und holte sich mehrere Flaschen Messwein aus dem Keller zum Zechen. Auf meine Anzeige wurde er entlassen. (Er scheint es mir aber nicht nachgetragen zu haben.) Am nächsten Tag erschien wieder die Gendarmerie zur Durchsuchung der Kirche unter dem gewöhnlichen Vorwand, es seien Waffen versteckt. Die Durchsuchung blieb erfolglos, weil eben nichts da war. —

Ab 1.4.46 durften die Deutsche nur am 1. und 10. jedes Monates ihre Briefe bei der Gendarmerie offen zur Postbeförderung aufgeben. Am 28.4. — 9.5. musste jeder bei Androhung des Entzugs der Lebensmittelkarten gegen 5 Kcš Eintrittsgebühr die Wanderausstellung *Proč je nechceme* mit Bildern und anderem Anschauungsmaterial aus den deutschen Konzentrationslagern, Statistiken usw. besuchen. —

Die Aussiedlung der Pfarrgemeinde gelangte am 28.8.1946 zum Abschluss. Die Behandlung bei der Aussiedlung war verschieden. Manchen nahm der národní správce noch vom Wagen Aussiedlungsgut weg, einem anderen ließ man einpacken, was er wollte. Es kam auch vor, dass ein národní správce zur Einwaggonierung noch etwas nachbrachte.

Auch bei den Gepäckkontrollen in den Aussiedlungslagern, die ebenfalls verschieden gehandhabt wurden, wurde manchem das Gepäck erleichtert. Die Gefahr, in das tschechische Gebiet als Zwangsarbeiter verschleppt zu werden, bewog viele junge Leute, „schwarz" auszusiedeln, das heißt, heimlich mit nur wenig Gepäck, über die Grenze nach Deutschland zu gehen. Freilich, wer erwischt wurde, kam ins tschechische Straflager. Auch sonst war es ein gefährliches Unternehmen, denn an der Grenze wurde scharf geschossen.

Die 1946 durchgeführten Wahlen, selbstverständlich waren die Deutschen nicht wahlberechtigt, ergaben in allen Gemeinden des Pfarrsprengels eine kommunistische Mehrheit.

Im August 1946 wurde ich als Vertreter des deutschen Planer Vikariatsklerus (als Vikariatssekretär; der Herr Vikar Karl Scharnagl war schon ausgesiedelt) zum Okresní Narodní Výbor in Plan berufen. Der Beamte suchte die noch verbliebenen deutschen Priester zu bestimmen, hier zu bleiben und nun die tschechische Staatsbürgerschaft anzunehmen. „Sie werden es nun auf Rosen haben." meinte er. Ich konnte ihm aber versichern, dass keiner bleiben wolle. Wir waren entschlossen, dem Aufruf Gottes zu folgen und den Weg unserer Pfarrkinder zu gehen.

Kirchliches Leben

Mit der zunehmenden Zahl der Tschechen und mit Anordnung der kirchlichen Oberbehörde wurde in der Mitte der Fastenzeit 1946 damit begonnen, an den Sonn- und Feiertagen den ersten Gottesdienst für die Deutschen und den zweiten für die Tschechen (Verlesung des Evangeliums in tschechischer Sprache , tschechischer Volksgesang bei der hl. Messe) einzurichten. Im tschechischen Gottesdienst zählte man etwa 20 - 30 Besucher. Da für die deutschen Kinder keine Schule mehr bestand, wurde ihnen der Religionsunterricht in so genannten Seelsorgstunden (vom 16.5.1945 - 5.7.1946) in der Kirche geboten. Die tschechischen Kinder besuchten tschechische Schulen außerhalb des Kirchensprengels. Zur Auferstehungsfeier sollte während der Prozession durch den Ort tschechisch und nach der Feier in der Kirche deutsch gesungen werden. Die Tschechen schwiegen. Die Prozession bewegte sich still und diesmal unter Seufzen durch den Ort. Am 25.8.1946 war der letzte deutsche Sonntagsgottesdienst. Vor der Aussiedlung empfingen die allermeisten in der Pfarrkirche die hl. Sakramente. Am Kirchenfest (Maria Namen) 1946 waren in dem nun ganz tschechisch gewordenen Kirchspiel etwa 60 tschechische Besucher beim Festgottesdienst, bei welchem ein tschechischer Redemptorist (P. Cyrill Gež aus St. Anna bei Plan) Predigt und Amt hielt.

Am 9.11.1946 erhielt ich die Mitteilung, dass die letzten deutschen Priester des Planer Vikariates am 11.1. in die amerikanische Zone ausgesiedelt werden sollten. Am Sonntag, den 10.11., löschte ich nach dem Gottesdienst das Ewige Licht. Die Pfarre Ottenreuth war wie alle um Plan liegende Pfarreien eine Excurrendo-Administratur der Dechantei Plan geworden. Am Nachmittag begab ich mich mit meinen Angehörigen (Vater und Schwester) in das Aussiedlungslager in Kuttenplan. Nach den letzten, gelockerten staatlichen Verfügungen für aussiedelnde Priester durften wir etwas mehr mitnehmen als sonst gestattet war. An den folgenden beiden Tagen wurden wir mit Lastautos nach Eisenstein geschafft, wo uns ein kleiner Waggon (für 30 Personen) angewiesen wurde, der unser Gepäck nicht fassen konnte. So mussten wir Zuletztgekommenen unser Aussiedlungsgut wieder auf das Lastauto aufladen, das es zurück nach Taus brachte, dort fanden wir es am anderen Morgen vor und bemühten uns nun, es in dem Bremserhäuschen, auf den Plattformen und verteilt in einzelne Wagen zu verstauen. Unser Eisenbahnzug brachte uns über Taus — Furth im Walde —

Nürnberg — Würzburg — Aschaffenburg — Babenhausen (Hessen) am 15.11. nach Sandbach im Odenwald. Der Herr Pfarrer von Neustadt nahm uns als bischöflicher Kommissar in Empfang. Wir würden gebraucht werden. Unseren ausgesiedelten Pfarrkindern bereitete ihr Fortkommen in der „neuen Heimat" noch Sorge. Mir wurde die neuerrichtete Lokalkaplanei Lichtenberg zugeteilt. Am 25.11.46 brachte man mich mit meinen Habseligkeiten aus dem Vertreibungslager Sandbach hierher. Auf der Straße wurde abgeladen. Das Auto fuhr weiter. Wohin mit uns? Einstweilen bezogen wir zwei Zimmerchen in einem Hotel und lagerten unsere Kisten und Koffer bei einem Gastwirt ein. Es war eine harte Zeit. Kälte, Hunger, Sorgen. Bis zum 24.12. zelebrierte ich täglich in der katholischen Kapelle in Reinheim (7 km entfernt). Erst am 24.12. war es gelungen, einen Raum in den Wirtschaftsgebäuden des Schlosses Lichtenberg, der früher einmal vorübergehend als kath. Kapelle gedient hatte, notdürftig herzurichten. Nach 6 Wochen Wartezeit bekam ich eine Wohnung, die der Herr im heiligsten Sakramente mit mir teilt, weil in der Kapelle für ihn kein sicherer Platz ist.

Lichtenberg und Ottenreuth,
am 25. Oktober 1949

Alois Tille, Pfarrer

Würzburg - Aschaffenburg - Babenhausen (Hessen) am 15. 11. nach Sandbach im Odenwald. Der Herr Pfarrer von Neustadt nahm uns als bischöfl. Kommissar in Empfang. Wir würden gebraucht werden. Unseren ausgesiedelten Pfarrkindern bereitete ich Fortkommen in der „neuen Heimat“ mehr Sorge. Mir wurde die neuerrichtete Lokalkaplanei Lichtenberg zugeteilt. Am 25. 11. 46 brachte man mich mit meinen Habseligkeiten auf dem Verteilungslager Sandbach hierher. Auf der Straße wurde abgeladen, das Auto fuhr weiter. Wohin mit uns? Einstweilen bezogen wir 2 Zimmerchen in einem Hotel und lagerten unsere Kisten u. Koffer bei einem Gastwirte ein. Es war eine harte Zeit. Kälte, Hunger, Sorgen. Bis zum 24. 12. zelebrierte ich täglich in der kath. Kapelle in Reinheim (7 km entfernt). Erst am 24. 12. war es gelungen, einen Raum in den Wirtschaftsgebäuden des Schlosses Lichtenberg, der früher einmal vorübergehend als kath. Kapelle gedient hatte, notdürftig herzurichten. Nach 6 Wochen Wartezeit bekam ich eine Wohnung, die der Herr im heiligsten Sakramente mit mir teilt, weil in der Kapelle für ihn kein sicherer Platz ist.

Lichtenberg i. Odenwald, am 25. Oktober 1949.

Alois Tille, Pfarrer